AF493096

YO NO CREÍA EN NADA

Michel Kohn

Yo no creía en nada

Michel Kohn
Ciudad de Panamá, Panamá 2017
Segunda Edición.
Primera Edición, 2015.

ISBN: 978-9962-12-724-6
Diseño Gráfico y Diagramación: Florencia Zabala.
Diseño de Portada: Marcela Obermeister
Corrección: Alexandra Muñoz
Imagen de la portada por : MaKars/Shutterstock.com
Idea de la portada: Ricardo Beracha
Impreso por: www.iprintforyou.com

La sensación más bonita que hay es creer en Di-s.
Eso no significa que entenderás todo.
Y es que incluso cuando el más creyente no entiende algo,
esto no deja de ser verdad.
Y el haberlo entendido, no lo convierte en realidad.
De cualquier manera, la felicidad más grande de todas es
creer en Di-s.

Para la mamá de mi mejor amigo…

Agradecimientos

Fueron muchas personas las que me ayudaron y aconsejaron a lo largo de este camino en el cual me encuentro. Les agradezco por todo lo que me han dado, especialmente a:

Di-s por haber creado el mundo con un propósito que ya me es claro: darnos la posibilidad de disfrutar y ser felices… Aprovecho esta oportunidad para agradecerte públicamente por hacerme feliz y por todo lo que me has dado. Por estar siempre conmigo y hacérmelo saber, por haberme ayudado a creer en ti, por guiar cada uno de mis pasos y siempre estar uno (o infinitos) pasos delante de mí. Qué increíble es vivir sabiendo que únicamente tengo que esforzarme y dar lo mejor de mí para que las cosas se den de la mejor manera sabiendo que todo lo demás está en Tus manos. También te quiero agradecer por responder a mis deseos (incluso cuando son un tanto egoístas) y, más aún, porque éstas se han manifestado de una manera revelada y dulce. Te agradezco por todas las personas que has puesto en mi camino empezando por mis padres y mi hermano, pero por sobre todas las cosas quiero agradecerte por todo lo que me has dado sin que yo te lo haya pedido.

A mi padre Carlos por haberme impulsado en todo momento y hacer que siempre suba la barra más alto… De ti aprendí que uno nunca debe conformarse con cualquier respuesta y que siempre hay que indagar más. Creaste en mí una habilidad para pensar, cuestionar y poder conectar temas diferentes y relacionarlos. Tu apoyo incondicional me libera y tranquiliza. Gracias a ti mi conexión con Di-s no es solo a través de la fe sino también a través de la comprensión y el intelecto.

A mi madre Lilian Salama por ser la mejor madre del planeta… Mami, si alguien quiere saber cómo ser una buena madre debería preguntártelo a ti. No entiendo por qué el video publicitario en el que se ofrece un trabajo sin descanso, sin horario, sin vacaciones, sin sentarse y sin paga lo estaban ofreciendo en un principio… ¡Ese puesto lo ocupas tú desde hace años! El dicho que dice "madre solo hay una" no es mentira. Quiero que sepas que saber que tú estás ahí para mí me ha permitido continuar con los retos y oportunidades que se me presentan en el día a día. Te amo.

A mi hermano Joel por ser mi mejor amigo, compañero, hermano mayor, socio, co-manager, guía, confidente y tanto más… De verdad ¡qué clase de hermano eres! Qué belleza es tener un hermano tan increíble como tú con el que la paso tan bien y he compartido tantas cosas. Lo que más quisiera en el mundo es que Di-s nos vuelva a poner en el mismo lugar y compartir el resto de mi vida contigo. El hecho de que siempre me respetaste y continuaste a mi lado con todos los cambios que quise tomar fue un gran alivio para mí. Te quiero.

Al Rabino Shui Rosenblum por ser lo que es para mí… En verdad al que le debería agradecer es a Di-s por haberte puesto en mi camino. No puedo ni empezar a escribir todo lo que te tengo que agradecer por todo lo que he aprendido de ti. Eres de las personas más especiales para mí y del que voy a estar agradecido por el resto de mi vida. Tus sabios consejos han sido la guía desde que empecé este camino y no has hecho más que ayudarme y hacerme todo mucho más fácil y divertido. Ojalá que todo el que decida tener una vida más cercana a Di-s tenga la suerte que tuve yo de tener un mentor como tú. Espero que Di-s nos mantenga siempre juntos, ahora y cuando llegue el Mashiaj.

Al Rabino Moshe Perman por dedicarme tanto al estudiar Torá… Tú me ayudaste a aclarar mis ideas y me enseñaste cómo Di-s es todo. Me mostraste que vivir como Judío es un honor y el verte hace que me acerque más a Di-s. De verdad que no tienes idea cuánto me has ayudado. Siempre echo de menos los momentos que compartimos juntos.

Al Rabino Dorón Miara por todas sus enseñanzas y mostrarme la fuerza y el ímpetu que hay que agregarle al estudio de la Torá, siempre con una sonrisa y alegría por delante... Tu dedicación a la juventud y a mis amigos fue determinante para nuestras vidas.

Al Rabino David Chocrón por haber sido más que un Rabino para mí... Tus dulces palabras en respuesta a las preguntas que te hacía resonaban en mi cabeza cada vez que me enfrentaba a la situación en cuestión, haciendo todo mucho más fácil de resolver. Gracias por estar siempre disponible para mí.

Al Rabino Isaac Chocrón que desde Argentina me envió sus sugerencias y comentarios... Tus palabras fueron de suma ayuda para continuar escribiendo durante una etapa en la que estaba enfrascado con obstáculos.

A Alex Corcias por las enseñanzas e ideas que compartió conmigo a lo largo de los años... Tus palabras fueron el activante para emprender el camino de acércame a Hashem... ¡Gracias por haberme contado *"La Historia del Reloj"*!

A Isaac Hayon por darme fuerza y mostrarme que estudiar Torá puede ser muy divertido... Estoy en eterna deuda contigo: gracias a tu insistencia es que fui a la Yeshiva.

A Yoel Kleinman por todos los momentos e historias que compartimos... *"La Historia del Tren"* es épica. Gracias por haberla compartido conmigo. Eres una gran inspiración para mí.

A Jack Hartman por haber sido (y ser) mi profesor personal, tanto en el área espiritual como en el área profesional... Gracias a ti aprendí que se puede tener una vida basada en la Torá y aun así ejercer las labores como Ingeniero.

A Samy Yecutieli por dedicar el tiempo necesario para ayudarme con este proyecto... A raíz de tus consejos supe estructurar el libro y me condujiste por el camino correcto para publicarlo.

A Marcela Obermeister por hacer la portada y la contraportada… Lograste capturar la esencia del libro en imágenes.

A Alexandra Muñoz y Florencia Zabala por ayudarme a corregir el texto y diagramarlo… Sin ustedes el libro seguiría guardado en un archivo de mi computadora.

Y, por supuesto, a la persona más importante de mi vida, mi esposa Rahel, por querer pasar el resto de su vida conmigo y construir un hogar eterno junto a mí, por estar siempre pendiente de mí y poner todos sus pensamientos y fuerzas en nosotros y por darle a todos los momentos que compartimos ese toque mágico que sólo ella tiene.

Prólogo a la 2da Edición

Como no soy escritor de profesión no esperaba tener una reacción tan positiva tras la publicación de mi primer libro. Es verdad que a través de los años, mientras relataba y compartía con muchos conocidos y amigos, mi aprendizaje y anécdotas, era de agrado para la mayoría, pero de ahí a escribir un libro sobre mis experiencias personales y que haya gustado, sin duda no era para nada mi expectativa.

Si es así, como confieso, ¿por qué escribí un libro entonces? La verdad es que en principio el libro lo escribí para mí mismo: un buen día, me senté a escribir con papel y lápiz qué es lo que había ocurrido para que tomara la decisión de cambiar y recalibrar el curso de mi vida. Luego, tras escribir unas cuantas páginas, decidí mostrárselo a mi Rabino, quien me alentó a escribir algo más formal y estructurado. Meses después empecé a "cocinar" la idea de este libro, siempre con la intención de compartir aquello que había sido lo suficiente importante para mí y haya tenido un impacto, sentimental o intelectual en mí, tanto así como para cambiar en 180 grados mi creencia sobre Di-s y la *Torá*. Como lo establezco en la introducción y lo reitero aquí: no busco convencer ni persuadir a nadie, simplemente expongo mi experiencia con el ánimo de hacer reflexionar al lector.

Por lo tanto, la primera edición del libro ha sido lo suficientemente exitosa como para tener que proceder con una nueva impresión. Aprovechando esta oportunidad, me sentí responsable en revisar muy cuidadosamente lo escrito y corregir aquellos errores que muy amablemente me fueron señalados, para, de esta manera, proporcionarle mayor veracidad al libro.

Los cambios a nivel general radican en la redacción, gramática, formato y diseño. También se buscó colocar todas las fuentes bibliográficas, lo más posible de acuerdo al "Manual de estilo Chicago".

En la presente edición se eliminó el capítulo llamado "Un universo capaz de codificar información" debido a que me fue imposible contactar al autor de los pasajes citados, en el que se basó dicho capítulo. A raíz de esto, se agregó un nuevo capítulo llamado "Crecí con la idea de que el universo tenía millones de años, así lo decía la ciencia" ubicado en la pág. 88 de la presente edición.

Aunque resultó una decisión sumamente difícil para mí, en el capítulo que se habla del Ciclo Lunar, decidí eliminar el número hallado por el Instituto de Berlín de 29,530590 días debido a que no encontré la fuente referida en la primera edición. Como lo digo en la misma, en el momento que estábamos con el Rabino que nos reveló la fuente vi este número mencionado, pero hasta el día de hoy no lo he encontrado en una fuente fidedigna.

Otro capítulo trata de la historia sobre el debate que sostuvieron Rabinos en Europa con respecto a nuevas normativas que se querían implementar en las comunidades Judías (véase pág. 57). La persona que la relató la primera vez que la escuché dijo que el *Jafetz Jaím* se encontraba en dicho debate. Como no logré corroborar que así ocurrió, en la presente edición se hace mención de un "Rabino", por las dudas fue otro el asistente a aquella reunión.

En un viaje realizado a Venezuela, un Rabino al que admiro mucho me aclaró que *Rabí Yochanan* no tenía el pelo largo (como lo afirmo en la primera edición) si no las pestañas largas. Por lo tanto, se eliminó esta historia y se sustituyó por una nueva (véase pág. 74). De igual forma, el Sabio que estuvo dispuesto a abandonar todo su legado en aras de la verdad fue *Shimon Ha´Amsoni*, no *Nájum Ish Gam Zu* como se había afirmado en la primera edición.

Pido mis más sinceras disculpas por estos errores mencionados arriba. Aunque fue lo que escuché y por ello lo escribí, mi deber como escritor es y será siempre chequear las fuentes. Quiero aprovechar para agradecer profundamente a todas aquellas personas que gentilmente me hicieron llegar sus observaciones.

Introducción

Después de varios años decidí hacer lo que me había sugerido mi Rabino y Maestro: "deberías escribir sobre cómo ha sido tu recorrido desde que empezaste a creer en Di-s[1] y te iniciaste en el camino de la *Torá*[2], tus dudas y preguntas, tus pensamientos, tus anécdotas… para que otros puedan apreciar y aprender de tus experiencias…"

"¿A quién le puede interesar saber lo que yo viví?" A lo largo de mi búsqueda por saber la verdad, discutí y compartí con muchas personas mis preguntas y las respuestas, mis aprendizajes, anécdotas y mensajes. Muchas veces sirvieron y gustaron, por lo que decidí escribirlas pensando en la posibilidad de ayudar a alguien que se encontrara en el mismo camino que yo.

Este libro no tiene la finalidad de convencer ni persuadir a nadie. Tampoco espero que alguien vaya a cambiar su creencia y basar su fe en alguna de las respuestas o historias, ni pretendo resolver las miles de preguntas que tenemos los que buscamos explicaciones a temas trascendentes. Simplemente presento ideas para reflexionar con ellas.

Me di cuenta que la duda y conflicto que tiene la mayoría de las personas gira alrededor de temas similares, por lo que quería compartir con los lectores algunas de las respuestas y explicaciones que obtuve a temas como: existencia de Di-s, pruebas científicas de la *Torá*, veracidad de la *Torá* Oral, las Leyes establecidas por los Rabinos, los "extremismos" y "exageraciones" en las *Mitzvot*[3], entre muchos otros temas que me resultaban difíciles de entender.

Por supuesto, es imposible describir en algunos párrafos todo el estudio necesario para empezar a entender estos temas, pero creo

---

1   Di-s se escribe de esta manera porque Su Nombre es Sagrado y no debe ser borrado.

2   Conocido en español como La Biblia o el Antiguo Testamento.

3   Precepto/mandato/conexión establecidos en la *Torá* que son medios y oportunidades para acercarse a Di-s.

que lo que escribí puede ayudar a alguno a entender ciertos principios de Di-s y también fundamentos del Judaísmo. Traté de relatarlo en el orden que fueron ocurriendo, por lo menos lo que pude recordar. Abarca un período de 6 años, desde los 20 a los 26.

Este libro está escrito en forma de preguntas y respuestas, en conjunto con anécdotas, historias y ejemplos que han sido de gran ayuda para mí. Me he dado cuenta que no existe una herramienta más adecuada que los ejemplos para expresar en forma simple y profunda al mismo tiempo, conceptos y fundamentos importantes. Gracias a los ejemplos, uno mismo es el que descubre el mensaje y extrae por sí solo la moraleja y enseñanza que contienen.

Es muy importante que el lector sepa que mi creencia en Di-s y en la *Torá* no puede ser vista como una ecuación en la cual las respuestas que obtuve y experiencias que me sucedieron son variables independientes que fueron resolviendo las interrogantes. No es ni cerca de eso: implicó mucho estudio, reflexión, discusiones e incluso momentos de confusión, miedo y llanto.

Cabe destacar que lo que pude escribir no se acerca en lo más mínimo a lo que viví y sentí en realidad, ya que las palabras y mi poca destreza para escribir no me lo permiten.

El lector creyente encontrará en este libro la oportunidad de "renovar" su creencia, plantearse preguntas que nunca tuvo, o reforzar sus convicciones. De cualquier modo, podrá ver las inquietudes y dificultades por las que puede pasar una persona que no creció como un creyente y está buscando respuestas que le permitan aceptar y creer en Di-s y Su mensaje.

También es importante saber que lo presentado en este libro, comparado con los Textos Sagrados, es como una gota en un océano. Mi conocimiento y compresión es apenas la de un principiante, por lo que sería injusto juzgar a la *Torá* o a Di-s por lo escrito aquí.

En conclusión, en este libro podrás encontrar los logros y las dificultades, preguntas y respuestas, alegrías y momentos difíciles a los que una persona como yo se enfrenta cuando busca encontrar eso que tanto estamos buscando.

CAPÍTULO I

La respuesta a la pregunta:

"... ¿Y por qué empezaste a creer en Di-s?"

IMPORTANTE

A lo largo del libro en repetidas ocasiones se nombrará a "La Biblia" como "la *Torá*" que es su nombre original en hebreo.

Di-s se escribirá de esta manera siguiendo la práctica Judía.

Las palabras en hebreo estarán en *cursiva* y también se podrán encontrar en el Glosario al final del libro.

Yo no creía en nada

Yo no soy Rabino. De hecho, yo no creía en nada: ni en Di-s, ni en la *Torá*, ni en las *Mitzvot*, ni que los 10 Mandamientos fueron entregados por un Di-s, ni que ocurrieron 10 plagas en Egipto, ni que el mar se abrió en dos… Absolutamente en nada. Para mí, sencillamente, nada de eso era verdad. No tenía ni lógica ni sentido, o alguna importancia o trascendencia. Ni siquiera consideraba que el hecho de creer me causara algún beneficio para que por lo menos, tuviera sentido cumplir con la *Torá*. Justamente para mí, era todo lo contrario: una "cárcel" que consistía únicamente en prohibiciones para someter a una persona a la esclavitud y dejarla sin libertad de elección, convertirla en un ser no pensante —donde todas las decisiones importantes ya han sido tomadas con anticipación— o un camino que decidían tomar algunos que querían refugiarse en una ilusión para no enfrentar la realidad.

El hecho de no creer no quitaba que fuera un Judío legítimo (como lo expresa la Ley[4]: "el que nazca de vientre Judío es Judío"). Tenía conciencia de las tradiciones y las cumplía (las que consideraba "buenas"), compartía la cultura y me sentía perteneciente a un pueblo lleno de una rica historia y valores, pero eso no requería, necesariamente, creer en un Di-s y cumplir con una lista de leyes anticuadas, y en muchos casos, para mí, ilógicas. Pensaba que lo importante era ser buena persona, ser educado y ayudar a los demás; compartir con mis seres queridos y construir una bella familia con buenos valores; trabajar honestamente y ser activo en la comunidad. Todo lo demás que decían los creyentes (quienes para mí creían en una historia fantasiosa) siempre consideré que era para fanáticos que le atribuyen a un Ser Supremo cualquier suceso que ocurra; un negocio

---

4   Véase: Deuteronomio 7:3-4; Tratado Talmúdico *Yebamot* (23a); Tratado Talmúdico *Kidushin* (68b); Rashi a Deuteronomio 7:4.

—muy lucrativo— de Rabinos (que para tener éxito inventaron una serie de leyes que sistematizan la vida de los creyentes); o algún otro invento que pudieran decir.

De modo que, entonces, mi nivel de observancia de las leyes del Judaísmo era prácticamente nula: sostenía que se podía comer chicle en *Yom Kipur*[5] ("… el chicle no lo estás comiendo, ¿qué tiene de malo masticarlo?"); beber cerveza en *Pesaj*[6] ("… en esa época no existía la cerveza, lo que ellos no podían hacer era comer pan"); *Shabat*[7] representaba únicamente una cena de los viernes por la noche para estar con la familia y el sábado se podía pasar tranquilo en la playa ("… en la playa se descansa mucho más que caminando a la sinagoga o subiendo escaleras"); comer cerdo no era un pecado ("… eso que no se puede comer cerdo era antes cuando el cerdo era un animal sucio pero hoy en día su carne se considera menos dañina que la de la vaca"); *Rosh Hashana*[8] era un día como cualquier otro (solo que por mis raíces Sefardíes tenía que comer alimentos que no me gustaban para cumplir con las costumbres de mi madre); rezar no tenía sentido porque "… ¿a quién le voy a rezar?"… En otras palabras, no era importante o necesario para mí la observancia y cumplimiento de las *Mitzvot* del Judaísmo para considerarme un buen Judío.

A pesar de no creer en nada, me fascinaba debatir con mis amigos creyentes, sobre todo cuando les presentaba argumentos y datos científicos a los que ninguno podía responder o justificar en función de lo que se expresa en las Escrituras Sagradas, como, por ejemplo: el Big Bang[9], la evolución, el Carbono 14[10], la edad del universo, los fósiles

---

5   Día del perdón.

6   Festividad relacionada con la Salida del Pueblo Judío de Egipto.

7   Día Sagrado (sábado).

8   Día que representa el año nuevo Judío.

9   En cosmología física, la teoría del Big Bang o teoría de la gran explosión es un modelo científico que trata de explicar el origen del universo y su desarrollo posterior a partir de una singularidad espacio temporal.

10   Isótopo radiactivo del carbono que se usa como trazador en la investigación bioquímica y en la técnica de la datación, que permite estimar la edad de los fósiles y otras materias orgánicas.

(por mencionar sólo algunos), formaban parte de mi repertorio de verdades científicas que "ilegitimizaban" la *Torá*, por lo menos en ese entonces.

Crecí con muchas ideas rondando en mi cabeza (como el típico agnóstico), y una y otra vez me decía: "… si hay un Di-s, ¿por qué permitió que ocurriera el Holocausto?… ¿Para qué voy a creer en un Di-s que permite el hambre y las guerras?… ¿Cómo es posible que Di-s exista si el Pueblo Judío ha sido odiado, perseguido y masacrado por miles de años? Acaso… ¿No somos el Pueblo Elegido? ¿O elegido para qué, para que nos maten?"… Yo mismo me hacía todas estas preguntas desde pequeño, ya que mi padre, filósofo de profesión, me enseñó desde temprana edad a cuestionar y me hizo saber la importancia de siempre buscar respuestas lógicas y no conformarme con una vaga explicación. De esta manera al no obtener respuestas que satisfacían mis dudas, siempre llegaba a la conclusión de que no podía existir un Di-s que permitiera este tipo de tragedias. Y sin importar la respuesta que alguien me pudiera dar, por más lógica que fuera, siempre le contestaba: "Igual, que Di-s existe, no se puede comprobar…".

Por otro lado, pensaba que de existir un Di-s, Él no quisiera que nosotros estuviéramos todo el día rezando y "dándonos golpes en el pecho" (como se dice), sino que vivamos felices, que disfrutemos y experimentemos… "¿Para qué creó todas estas maravillas si no es para que nosotros las aprovechemos?". Es que la influencia, o, mejor dicho, una de las influencias que tuvo mi madre (psicóloga de profesión), fue cultivar en mí el siempre buscar tanto el desarrollo personal, como el desarrollo de las emociones. Es por ello que no podía someterme a un modo de vida que fue "dado por un Ser Todopoderoso" al que no había visto y con el que no había intercambiado ideas. De optar por un camino así, me preguntaba: "¿dónde queda mi crecimiento personal…?"

Así fueron las primeras dos décadas de mi vida, sin creer o cumplir con el enfoque religioso. Excluyendo el *Brit Milá*[11], el *Bar Mitzvá*[12] y alguna que otra festividad para estar con la familia, no dediqué más que unos minutos a la observancia religiosa del Judaísmo. Es decir, tenía una vida plenamente mundana[13], regida por valores universalmente aceptados y mi relación o vínculo con el Judaísmo era meramente cultural, eso sí, tenía hermosas tradiciones.

Mi comportamiento era como el de muchos de los jóvenes de mi generación[14]: gran parte de mi vida giraba en torno a mis amigos, fiestas, viajes y aventuras, que iban desde escapadas a discotecas hasta altas horas de la madrugada, hasta viajes de mochilero por semanas en Europa en busca de situaciones excitantes, vivir experiencias nuevas y explorar nuevos horizontes, donde en una de esas aventuras tuve una experiencia cercana a la muerte cuando fui apuñalado en una pelea callejera en Budapest.

Como cualquier joven que es influenciado por el mundo moderno en el que nos encontramos con su tecnología y sus facilidades (donde todo está al alcance de una llamada o de un video en internet), mi dedicación y mis metas eran amasar una gran suma de dinero que me posibilitara llevar una vida de millonario, viajar por el mundo, invitar a amigos a mi yate y organizar fiestas "de película", entre otras, como muchos jóvenes contemporáneos conmigo tienen. No me malinterpreten, por supuesto que quería tener una vida familiar, criar hijos educados y con buenos valores, trabajar duro para tener una vida honrada, ser buena persona y ayudar a los demás, activar comunitariamente, hacer deportes y obtener buenas calificaciones

---

11   Ceremonia que se realiza el octavo día de nacido un varón Judío (llamado en español circuncisión).

12   Ceremonia que se realiza cuando un joven Judío cumple trece años y donde recibe el cumplimiento de las *Mitzvot* sobre sí.

13   La palabra "mundana" no ha de tomarse como un adjetivo negativo. Más bien, es el término que se utiliza para describir un aspecto físico y material, es decir, sin espiritualidad.

14   Fuertemente influenciado por las películas que veía, las series de televisión y el internet.

como dije anteriormente. Lo "normal" como quien dice. Por supuesto que sí. Pero todo eso era, como solía decir: "para más adelante, a los 30 años o por ahí…"

Para reflexionar:

¿Alguna vez te has preguntado qué pasa por la mente de los niños y jóvenes que pasan gran parte de su día "conectados" a internet y la televisión?"

No parecía que algo pudiera cambiar el rumbo que estaba tomando mi vida

Ya tenía 20 años de edad y las cosas no habían cambiado. Seguía sin creer en un Di-s (al que, de existir, me lo imaginaba con barba blanca y una lanza en la mano) y continuaba teniendo los mismos pensamientos y dudas acerca del Judaísmo, inclusive más afianzadas. No parecía que algo pudiera cambiar el rumbo que estaba tomando mi vida, por lo menos no había nada en el horizonte que parecía tener la posibilidad de cambiar mis creencias. Pero como la mayoría de las cosas que pasan en el mundo suceden sin preguntarnos, así fue como ocurrió un acontecimiento que marcó y transformó mi vida por completo: la madre de mi mejor amigo falleció.

Como era de esperarse y se imaginarán muchos, este hecho hizo mucho más fuerte mi creencia en la ausencia de un Di-s, porque me hizo preguntarme: "¿cómo es posible que exista un Di-s si pasan estas cosas?¿Qué clase de Di-s permitiría que un niño tan joven se quede sin madre?"

Mi "segunda mamá" —nombre que aparecía en mi celular cuando la mamá de mi mejor amigo llamaba— falleció un viernes por la tarde, víspera de *Shabat*. Debido a las leyes establecidas en el Judaísmo, hubo que esperar a que culminara *Shabat* para poder llevar el cuerpo desde su casa hasta la funeraria (esta ley, hasta ese momento, consideraba que era una desconsideración con la familia). Así el sábado, pocos minutos después del anochecer, llegaron dos hombres de la *Jevrá Kadisha*[15], a quienes los presentes tuvimos que ayudar en su tarea de bajar el cuerpo del cuarto de mi segunda mamá ubicado en el piso superior ya que solos no podían bajar el cuerpo hasta el carro.

---

15 Ente de la comunidad Judía encargado de llevar a cabo el servicio funerario.

Puedo decir con mucha seguridad que haber cargado a mi segunda mamá desde su cuarto hasta el carro, mientras escuchaba los fuertes llantos de mi mejor amigo y su hermano, ha sido uno de los momentos más duros que he tenido que vivir. Las incontables lágrimas, la dificultad para respirar por falta de aire y el "hueco" que tenía en mi corazón, comprobarían que digo la verdad. Reflejarlo en papel es prácticamente imposible, pero el dolor por recordarlo sigue tan vivo como el que sentí en ese momento.

La *Shiva*[16] inició el domingo después del entierro. Debo confesar que echar tierra sobre el cuerpo de un ser querido no es nada fácil, así sea para cumplir con una *Mitzvá*, más aún si no crees que ello involucra aspectos espirituales o divinos. Recuerdo cuan pesada era cada palada de tierra. Sentía que era un baúl de recuerdos tirados al olvido. Claro está, solo hice eso por respeto a mi tan querido amigo y a su familia, que sí creían en todo lo relacionado con esa ceremonia, no lo hice para acatar un mandato de Di-s.

Para cumplir con mi amigo y su familia, con todo el amor y respeto del mundo, los acompañé en el doloroso e inexplicable momento por el que pasaban. Fui a todos los rezos, me puse los *Tefilín*[17] (que no me los ponía desde mi *Bar-Mitzvá*), y respondí "*Amén*" en el *Kadish*[18], entre otras muchas ceremonias y tradiciones en las que participé. Todo lo hacía por su memoria.

Traté de compartir con mi amigo todo el tiempo que pude, todo el tiempo que él merecía, pero cuando me encontraba solo, de camino a la universidad o acostado en la cama en la que pasaba horas y horas tratando de dormir, no dejaba de pensar acerca de temas de la vida y de la muerte, me preguntaba ¿qué pasaba cuando la muerte nos llega? ¿cuál es el propósito de la vida? (si es que había alguno), ¿para qué trabajamos? ¿para qué todo este disfrute y risas? ¿para qué vivimos si a la final nos vamos a morir y llegarán otros que nos reemplacen…?

---

16 Siete días en los cuales los familiares no realizan ninguna actividad laboral o ninguna otra actividad que no sea referente a las ocupaciones respecto al luto. Una de las finalidades de esto y de todo el año de duelo es enfrentar y ayudar a superar la pérdida del ser querido.

17 Filacterias: cajas negras de cuero que contienen porciones del Pentateuco.

18 Rezo para alabar a Di-s.

Pasaremos a ser nada en la historia de la humanidad y, con el pasar de unos pocos años, ni siquiera seremos recordados, es decir, como si nunca hubiéramos existido… Entonces, ¿qué sentido tiene todo este esfuerzo que dedicamos en nuestras vidas? ¿Para qué todo el trabajo que hacemos, todas las emociones que sentimos y todos los sentimientos que experimentamos? ¿De qué sirven a fin de cuentas…?

Con todas estas dudas existenciales en mi mente, terminaron los 7 días de duelo y empezó el año de luto que tanto mi amigo como su familia debían cumplir, según alegaban, para "elevar el alma de su madre"… ¿Y yo? —pensé en ese momento— ¿Qué hago ahora? ¿Qué hago con todos los sentimientos, pensamientos, reflexiones, dudas y preguntas que surgieron esta semana?… ¿Qué hago con estas ganas que tengo de saber, conocer y encontrar respuestas?… ¿Qué hago con este llamado interno que surge con una fuerza que nunca antes había sentido? ¿Puedo dejarlo de lado y seguir con mi vida?... ¿Todo queda aquí sólo porque terminó la *Shivá*…?

No fue sino hasta el día siguiente que pude responder la pregunta de qué tenía que hacer: sentí un gran impulso, algo dentro de mí, algo que no sabía lo que era me decía que tenía que seguir, que continuara preguntando, cuestionando y buscando el sentido y razón de nuestra existencia… ¡Que buscara la verdad!

Me propuse el reto de investigar, de una manera honesta y objetiva, si existía un motivo o no para nuestra corta estadía en este mundo. Es así que me inicié en el mundo de la *Torá*[19], en la que aparentemente podía encontrar todas las respuestas a las innumerables preguntas que perturbaban mi existencia.

Debía seguir el llamado interior y el desafío que me había propuesto. Empecé así el largo y difícil camino de preguntar y cuestionar. Comencé a asistir a distintos *shiurim*[20] en donde se dieron temas y conversaciones muy interesantes y llenos de sabiduría, pero la gran mayoría de las afirmaciones y explicaciones que daban acerca de algunos temas y cuestiones planteados no me resultaban creíbles ni eran lo suficientemente convincentes. No las podía aceptar. Frente

---

19 Por supuesto que mis orígenes Judíos me llevaron a comenzar por este camino y no otro.

20 Reunión en donde personas van a estudiar *Torá*.

a esto discutía prácticamente todo, siempre basado en mi educación y formación, en el entorno que vivía y utilizando mi lógica y mi propio razonamiento.

La mayoría de las veces salía con más preguntas que respuestas, que, en gran medida, reforzaban mi creencia en la no existencia de un Di-s. Sin embargo, no me detuve. Seguí asistiendo y hablando con Rabinos, motivado por mi necesidad de encontrar explicaciones y respuestas.

Toda mi vida había transcurrido sin creer en un Di-s. Más de 20 años sin creer en la *Torá* me eran suficiente como para no tener que averiguar y estudiar la otra cara de la moneda (como por ejemplo, cómo explica la ciencia o las diferentes corrientes filosóficas la existencia del mundo). Sin embargo, sí sentía que para que mi investigación fuera transparente y objetiva, no podía buscar respuestas únicamente en los Textos Sagrados. Así que recurrí a diferentes fuentes de información no religiosas que se ocupaban de estos asuntos y también debatí algunas de mis ideas con personas expertas en el tema.

Lo que inesperadamente pasó, es que aún sin haber encontrado respuesta alguna, algo me decía que tenía que seguir poniendo los *Tefilín*. No sé por qué[21], pero todas las mañanas me tenía que poner[22] los *Tefilín*.

> *Para reflexionar:*
>
> *Con todo el tiempo que dedicamos al trabajo, los medios de comunicación, las noticias... ¿Nos queda tiempo para pensar en temas como nuestra existencia y el propósito de la vida?*

---

21 Varios años después le contaba a mi amigo esta historia y me preguntó: "¿Por qué crees que te tenías que seguir poniendo los *Tefilín*?". A lo que le respondí (pensando en voz alta): "¿Por qué me seguí poniendo los *Tefilín*?... Creo que porque era la única acción que hacía cuando empezaba mi día, que no hacía porque mi cuerpo lo pidiera, como ir al baño o comer, ni porque lo necesitara como lavarme los dientes. Ponerme los *Tefilín* representaba el primer momento del día en que hacía algo yo mismo y no lo que mi cuerpo pedía".

22 Por cierto, el primer año me los puse en mi cuarto sin que nadie en mi casa se diera cuenta para no llamar la atención.

Una historia que cambió mi vida para siempre

Después de casi dos años de estudio y un sin fin de preguntas sin responder, después de horas sin dormir, debates con Rabinos y profesores, de pensamientos que llegaron a ser muy dolorosos (algunos traían una especie de vacío con ellos), después de dos años de cuestionar, preguntar, estudiar y reflexionar, seguía pensando que no existía Di-s.[23]

Pero un día, debido a que mi incesante deseo de encontrar la verdad no me permitió dejar de buscar respuestas, en una reunión en el que el Rabino estaba hablando acerca de la creación, escuché una historia que cambió mi vida para siempre:

> Vas caminando por el desierto cuando de repente te tropiezas con una piedra en el suelo. ¿Esto te dice algo? ¿Te sorprende o crea en ti alguna sospecha, intriga o curiosidad?... No. Es una simple piedra que se formó por un proceso de erosión que toma miles de años, en donde los minerales se juntan con el agua…
>
> Sigues caminando por el desierto y te consigues 12 piedras. ¿Esto te dice algo? ¿Te sorprende o crea en ti alguna sospecha, intriga o curiosidad?... No. Son 12 piedras que se formaron por erosión o algunas llegaron rodando por causa del viento, otras siempre estuvieron ahí, en fin… Nada impactante.
>
> Caminas por un rato más y te consigues 12 piedras colocadas en un círculo perfecto, una circunferencia

---

23 Pero no podía negar todos los mensajes y enseñanzas que había aprendido, los valores que había adquirido, cómo había desarrollado mi manera de ver la vida basada en la *Torá* y la forma de enfrentar los problemas, entre otros. Todos muy sabios y prácticos para la vida.

de piedras en medio del desierto. ¿Esto te dice algo? ¿Te sorprende o crea en ti alguna sospecha, intriga o curiosidad?... Vamos a suponer que no, que también son resultado del proceso de erosión natural que, por casualidad, hizo que las piedras quedarán en esta posición perfecta.

Continúas caminando por el desierto cuando te encuentras un reloj. Un reloj que funciona perfectamente: las agujas marcan los segundos, minutos y horas; señala el día del mes; posee una correa diseñada para que el reloj te lo coloques en la muñeca y no se caiga... ¿Esto te dice algo? ¿Te sorprende o crea en ti alguna sospecha, intriga o curiosidad?... No cabe la menor duda de que alguien estuvo ahí. No sé si el reloj se le cayó o dejó a propósito en ese lugar. No sé qué pasó, pero alguien tuvo que pasar por ahí, porque un objeto o mecanismo que tenga forma, diseño, orden y una función, **tiene** que haber sido **creado** por una mente superior a dicho objeto. No existe la posibilidad de que ese reloj se haya creado solo o lo haya hecho la naturaleza espontáneamente y al azar, por millones y millones de años que pasen. Y a pesar de que no puedas ver a la persona, sabes que **alguien lo tuvo que crear...**[24]

Ahora mira el mundo que te rodea... El sol siempre sale por el este y se oculta por el oeste demostrando que hay un orden; un espermatozoide entra en un óvulo y nueve meses después, la mujer da a luz a una nueva

---

24 Como me dijo mi amigo Alex Corcias cuando revisó esta pare del libro: "Para mí un punto fundamental de esta analogía es ¡que el reloj es TESTIGO! La creación es en efecto un TESTIGO claro 100% de un Creador. Tú lo has puesto claro, pero creo que es un punto que no puede ser enfatizado suficiente. ¡Cuánto más se enfatice mejor! La mesa atestigua que hay un carpintero (no sé quién es, ni cuándo ni cómo ni por qué lo hizo… ¡Pero estoy SEGURO que el carpintero existe!) Sólo digo que este punto es fundamental para que el lector capte que la creación es la mayor PRUEBA LÓGICA de que existe un Creador."

criatura compuesta por órganos y huesos, que no existían ni en el espermatozoide ni en el óvulo; tenemos un cerebro capaz de almacenar millones de datos de información, que por cierto, aún con los avances tecnológicos no se ha descifrado el lugar de almacenamiento; plantas una semilla de manzana (la cual no tiene ninguna semejanza a la manzana), le echas agua y al cabo de cierto tiempo se forma un tronco de madera que puede ser usado para muebles, crecen hojas que tras un complejo proceso de fotosíntesis, proporcionan el oxígeno que necesita el ser humano para respirar y sale un fruto que sirve de alimento, que si no te das cuenta que es para comer, cambia de color a uno más atractivo para llamar tu atención. Y si aún no te has percatado de este fruto, cae del árbol avisándote que está listo para proveerte de energía y no sólo eso, sino que sabe y huele bien. Y todo esto de una "simple" semilla.

Usando el mismo razonamiento que aplicamos para con el reloj… ¿El mundo no lo tuvo que crear alguien? ¿O somos capaces de decir que un simple reloj sí lo tuvo que crear alguien y el mundo con todas sus complejidades no?...[25]

---

25 Un ejemplo similar: si alguien se consigue una cámara en un bosque. ¿Tiene alguna duda de que alguien fabricó esta cámara? No va a pensar que se creó sola por ningún motivo. Entonces, ¿un ojo con toda su complejidad si puede ser un resultado de una "evolución" al azar? Si sabemos que: el ojo contiene unos 7 millones de sensores en forma de *conos* sensitivos a colores que nos permiten ver un detallado rango de luz. Cuando no hay suficiente luz, estos sensores se desactivan activando automáticamente unos 120 millones de sensores en forma de *barra* ultra sensibles al blanco y negro. Otro mecanismo en nuestro nervio óptico acepta la señal de estos 127 millones de sensores, los decodifica en señales más pequeñas y los envía a través de unos cientos de miles de fibras nerviosas a nuestro cerebro a razón de aproximadamente un billón de impulsos por segundo. Mientras todo esto ocurre la pupila monitorea y mantiene una iluminación constante en nuestro ojo; un sistema de enfoque ajusta un lente focal para una máxima obtención de las imágenes; y otro mecanismo de ampliación de imagen clarifica defectos en nuestra visión causado por el movimiento y ausencia de luz.

Esta historia había despertado en mí una idea, una idea que me permitió abrir mi pensamiento cerrado y programado para pensar según mis experiencias y mi razonamiento. Me permitió salir de las limitaciones que condicionaban mis creencias. No empecé a creer en Di-s inmediatamente. ¡Por supuesto que no! No es algo que se puede decidir como comprar un chocolate o elegir una camisa, fue un cambio progresivo.

"La Historia del Reloj", como me gusta llamarla, no salía de mi cabeza. Siguiendo el mismo razonamiento que había utilizado para afirmar que el reloj lo tenía que haber creado alguien, eso me hacía preguntarme una y otra vez, "… si el reloj lo tuvo que crear alguien, ¿por qué no el cerebro con toda su anatomía? ¿O el reloj sí y un árbol de manzanas no? ¿Y el agua, con todos sus estados y ciclos? ¿Los elementos? ¿Los animales?... ¿Los humanos?... ¿No son todos estos organismos más complejos que un simple reloj?"

Esta idea no salía de mi cabeza, no dejó de perturbarme por varios meses: la lógica usada en "La Historia del Reloj" me decía que sí, que el cerebro, el árbol, el agua, los elementos, los animales, los humanos… ¡Todo!... lo tuvo que crear alguien. Pero mi "lógica" y mi "pensamiento científico" me decían que no podía existir un Creador. ¡Es que así había vivido por más de 20 años! Pero, ¿en base a qué yo decía que no podía existir un Creador? ¿A preguntas típicas como: "¿Quién creó a Di-s?... ¿Dónde está que no lo vemos?... ¿Si existe porqué ya no hace milagros como antes?... ¿Cómo si Di-s existe hay tantas injusticias y sufrimientos?" A pesar de la gran importancia de estas preguntas y de lo complejas que podían ser (responderé alguna de ellas más adelante), me di cuenta que no podía justificar que Di-s no existía con estas preguntas, porque desde su mera formulación parten de la premisa de que sí existe e implican que sí hay un Di-s.

El debate seguía en mi cabeza. Pasé mucho tiempo tratando de dormir mientras debatía en mi cabeza si existía un Creador. Repasaba una y otra vez argumentos que hasta el momento había investigado, unos a favor y otros en contra: por un lado, visualizaba el mundo, todo lo que está en él, los organismos que hay, las células, las partículas, los procesos que ocurren[26], la fotosíntesis, el sistema solar[27], el orden que existe en el planeta tierra[28], el cuerpo humano… Todos tenían un diseño, una estructura y orden tan revelado[29], que ya no podía dejar de pensar en que todo tenía que tener un Creador. Por otro lado, estaba mi experiencia de vida hasta el momento, tenía veinte años negando Su existencia y menospreciando a los religiosos que creían en lo que era para mí, hasta ese momento, una fantasía; tenía las preguntas sobre Di-s, las filosofías y argumentos científicos de los que había oído hablar o incluso estudiado… Y el debate seguía en mi cabeza. Conversé con Rabinos para discutir mis dudas y argumentos, pero también hablaba con agnósticos y escépticos y leía mucho sobre las diferentes posiciones de filósofos y científicos no creyentes. Fueron meses de mucha observación, debate y reflexión.

Pero esta idea ya había ejercido un efecto en mí, un cambio, una influencia que no podía ignorar. Así que por más que debatiera y negara la existencia de un Creador, había ocurrido algo que ya no podía controlar. Algo que no podía evitar más… A partir de ese momento comencé a apreciar que todas y cada una de las personas, animales, plantas, frutas u organismos que veía, todo, absolutamente todo, tenía detrás una inteligencia superior, tenía que ser así. Era tan simple y evidente… tan lógico. ¡Era innegable! No podía ignorar que el orden, el sentido y la complejidad que manifestaba el mundo, tenía que haber sido creado por alguien.[30]

---

26 El hecho de que podamos determinar cómo se va a comportar un determinado objeto por medio de ecuaciones físicas y químicas comprueban que existe un orden superior a dichos procesos.

27 Donde el Planeta Tierra y los otros planetas conservan la distancia entre sí.

28 El aire, por volumen, está compuesto por: 78,08% de nitrógeno (N_2), 20,94% de oxígeno (O_2), 0,035% de dióxido de carbono (CO_2) y 0,93% de gases inertes, como argón y neón. Si la cantidad de oxígeno llegara a variar cambiando estos porcentajes el ser humano no pudiera respirar… ¿Qué es lo que mantiene invariables estos porcentajes?

29 ¿Alguna vez han tenido la oportunidad de ver la foto microscópica de un copo de nieve?

30 Cuando ingresamos a una fábrica que opera totalmente en forma automática y no vemos allí a ninguna persona, a nadie se le ocurriría, sin duda alguna, que no hay en alguna parte un técnico importante que con su saber abarca todas las

Esto me trajo algo maravilloso: empecé a ver las cosas con otros ojos, con otro enfoque, ahora los límites y las barreras causadas por mis propios conceptos estaban opacados por la idea de que existen cosas que van más allá de nuestro intelecto y capacidad y que tener una visión amplia y sublime, abarca mucho más que un razonamiento lleno de paradigmas y prejuicios… Creer ahora era lógico.

Después de seis meses sin dormir y mucho pensar, reflexionar y analizar, entendí aquello que tanto estaba buscando: **hay un Creador.** Sin importar el nombre que se le quiera dar: Di-s, "energías", "extraterrestres", "arquitecto"[31], no sé… El hecho es que hay un Creador. Es que un mundo tan perfecto y ordenado no puede ser producto de "miles de años de evolución y procesos que ocurren al azar", porque un objeto o proceso con orden, sentido, función, forma y uso tiene que ser creado, controlado y supervisado por una mente superior a dicho objeto o proceso.[32]

> Dos científicos escépticos expertos en evolución y partidarios de la "Teoría del Big Bang" llamaron a la oficina del Rabino principal de la ciudad pidiendo una cita para debatir sobre el origen del universo. Según ellos, tenían pruebas para demostrar que el mundo se había creado por medio de una explosión. El Rabino aceptó y les concedió la cita.

---

máquinas y sus piezas, controlándolas, armándolas y vinculándolas entre sí y con el centro de todas las operaciones. Por el contario: cuanto más ausente esté en dicha fábrica la mano del hombre, y cuanto más automáticamente funcione, tanto más poderosa y vigorosamente sería ello un testimonio de la grandeza del técnico. [*Una colección de Cartas del Lubavitcher Rebe, Cuestiones de Fe y Ciencia,* (Argentina, Editorial Kehot Lubavitch Sudamericana, 1993), p. 8.]

31 Como en la película "Matrix" en donde resulta ser que un "arquitecto" es el que diseñó y creó el mundo.

32 Los científicos aún no han hallado en la naturaleza fuerzas que puedan ordenar procesos y organismos. Es más, la Segunda Ley de La Termodinámica conocida como "Entropía" sostiene que el orden total de la naturaleza está en constante declive, por lo que la naturaleza tiende al desorden, entonces… ¿Qué es lo que hace que se mantenga el orden que se puede apreciar en la naturaleza?

Los científicos se presentaron en el despacho del Rabino, donde aguardaron ser atendidos en la sala de espera. En ella, se encontraba un cuadro majestuoso: la imagen, la técnica y los colores, dejaron maravillados a ambos, que se deleitaban con la grandiosa obra maestra.

Después de 10 minutos, el Rabino salió a recibir a los científicos, quienes después de saludar al Rabino, preguntaron por el nombre del artista de la maravillosa pintura. El Rabino, con cara de asombro, respondió que nunca había visto ese cuadro. Los científicos frustrados por el deseo de conocer el creador de esta obra, insistieron una vez más. El Rabino, sarcásticamente, respondió: "De verdad que nunca había visto este maravilloso cuadro, capaz a mi asistente se le cayeron unos cuantos potes de pintura en un lienzo y lo colgó allí..."

Para reflexionar:

Sea cual sea el lugar donde estás, deja el libro a un lado por un momento y observa a tu alrededor... ¿No es asombroso todo lo que te rodea? ¿En verdad crees que es posible que se haya creado solo?

Decidí no volver a ignorarlas y me atreví a comprobar si esas ideas eran veraces

Ahora bien, una vez que había aceptado tras reflexión y entendimiento propio que el mundo y todo lo que está en él fue creado por un Ser superior, irónicamente, en vez de terminarse mis dudas y preguntas, éstas se multiplicaron[33]: ¿Quién o qué hizo este mundo? ¿Con qué finalidad? ¿Nos dejó algún mensaje o instrucción o simplemente nos creó y se fue?… Y no solamente eso: tenía 20 años viviendo sin tener en cuenta que había un Creador, enfrentando retos y desafíos sin sentirme influenciado por este Ser… Ahora que estoy consciente de Su existencia, ¿de qué manera va a influir este nuevo conocimiento en mi vida?

Pensé entonces, que, si alguien había creado este mundo, por alguna razón habría sido, o por lo menos eso decía mi lógica: si alguien invierte tiempo y esfuerzo para crear o construir algo, algún motivo o deseo tiene que tener, porque nadie hace un proyecto para al culminarlo, abandonarlo y no darle un uso o propósito. Racionalmente hablando, no cabe esa posibilidad. Por lo tanto, el Creador tuvo que tener un motivo, un deseo y un propósito para este mega-proyecto llamado mundo.

De modo que era obvia la siguiente pregunta: ¿cuál es el propósito o deseo que había llevado a este gran Ser a crear el mundo? Y más aún, ¿dónde podemos encontrarlo? Porque seguramente, de alguna manera, nos lo tuvo que comunicar, si no, ¿cómo es que su deseo se va a poder cumplir?

Mi reflexión al respecto fue la siguiente: si existe un Creador con poderes sobrehumanos, que creó la materia de la nada absoluta, en

---

33 En una oportunidad un amigo me preguntó: "¿Por qué crees que Di-s no nos creó con 20 años, ya maduros y con una conciencia desarrollada? Porque inmediatamente nos preguntaríamos "¿De dónde vengo? ¿Quién me creó? ¿Qué estoy haciendo acá? Donde concluiríamos, sin lugar a dudas, que Di-s nos creó, perdiendo automáticamente nuestro Libre Albedrío".

contraposición a la Primera Ley de la Termodinámica[34], que es capaz de diseñar y construir un mundo tan complejo, con sus detalles y características... ¿Es posible que se pueda equivocar? ¿Puede errar siendo Él mismo el que definió la naturaleza de las creaciones, las características y las leyes que rigen el mundo? Es como si uno inventase una historia o cuento y ésta sea incorrecta. Eso no es posible.

Entonces, como el Creador no se puede equivocar, el lugar donde Él exprese Su mensaje y voluntad no puede tener ningún error.

Y fue por toda esta reflexión que decidí profundizar más y seguir mi investigación en la *Torá* —ya que muchas veces había escuchado decir a Rabinos o a uno que otro conocido creyente— que es el único texto Divino en el mundo que no sólo no contiene ningún error, sino que también se hacen un número sorprendente de afirmaciones que siguen vigentes hasta el día de hoy[35] y eso que tiene más de 3.000 años de antigüedad. Además está llena de una sabiduría sorprendente que contiene valores universales, mensajes y enseñanzas de cómo vivir, entre los miles y miles de aprendizajes que se pueden obtener de ella.

Varias veces escuché esas palabras acerca de la *Torá*, pero las había ignorado. Ahora, como muchas cosas habían cambiado dentro de mí, decidí no volver a ignorarlas y me atreví a comprobar si esas ideas eran veraces.

Todo esto no pasó tan rápido como puede parecer en estas líneas: fueron meses de estudio, de citas con varios Rabinos para conversar de estos temas, discusiones con amigos, experiencias vividas y mucha, pero mucha, reflexión.

Para reflexionar:

Muchos tenemos dudas y preguntas de suma importancia que quisiéramos tener las respuestas… ¿Hacemos algo para conseguirlas?

---

34   "La energía no se crea ni se destruye, sólo se transforma".
35   Como se explicará más adelante.

¡Qué diferencia es ir a un Shiur
como una persona creyente!

Era consciente que mi vida estaba cambiando, así lo había decidido. Entonces sentí que el próximo paso que debía dar tenía que involucrar la práctica de las tradiciones, una costumbre milenaria. Recordé que mi abuelo acudía todos los viernes en la noche a la sinagoga para los rezos de *Shabat*[36], por lo que decidí seguir sus pasos. Las pocas horas que pasaba en la sinagoga los viernes en la noche, eran las únicas de la semana que dedicaba a rezar. Al principio, me sentía un poco fuera de lugar: no sabía los rezos, sus significados y todavía no tenía claro a quién le rezaba, qué tenía que pedir o en su defecto, a quién pedir perdón.[37] Eso sí, las palabras del Rabino al terminar el rezo, llegaban a un lugar muy profundo de mí y se quedaban en mi cabeza al menos hasta el viernes siguiente.

Todas las semanas iba a la sinagoga los viernes por la noche. Cada vez estaba más familiarizado con los rezos. En aquellos que no sabía la melodía o las palabras, aprovechaba para leer en español el significado que tenían, porque pensaba que más adelante podría aprender el rezo y qué mejor que también entender su significado.

Los cuentos y enseñanzas del Rabino comenzaron a penetrar mi corazón e influir mi pensamiento. Tanto era así, que empecé a compartirlos con mi familia y amigos. Todos quedaban maravillados, sin embargo, todavía yo no sabía en profundidad muchos conceptos y cuando se presentaban dudas u objeciones en nuestras conversaciones, no podía responder. Además, yo mismo tenía mis dudas y preguntas.

---

36   Para ese entonces pensaba que *Shabat* sólo era los viernes en la noche.
37   A pesar de no saber el significado de los rezos, había una canción que, si cerraba los ojos, surgía dentro de mí un sentimiento tan puro y auténtico, uno de un orden que nunca había experimentado.

A pesar de eso podía afirmar con toda convicción que el mensaje había llegado, que había tenido un importante efecto en mí.

Durante este tiempo ya estaba participando en varios estudios por semana. ¡Qué diferencia es ir a un *shiur* como una persona creyente! Antes, iba a escuchar al Rabino y estaba preocupado por cómo demostrar que era falso lo que decía o en buscar argumentos que lo contradijeran. Ahora, en vez de estar esperando atento a cualquier palabra o idea que saliera de mi lógica para así rechazarla, me podía enfocar y concentrar en escuchar y aprender, para así dejar que las enseñanzas y mensajes[38] llegaran no sólo a mi mente, si no también a mi corazón. De esta manera podía aplicarlas en el día a día, crecer como persona y llenar un poco más mi vida de espiritualidad y significado.

Aunque cada vez entendía y creía más, todavía tenía preguntas que impedían que mi fe fuera completa. Por ejemplo, todo lo relacionado con la *Torá* Oral[39] me ocasionaba dudas: los tantos detalles en las *Mitzvot* (que me parecían una exageración); las leyes establecidas por Rabinos ("... y no por Di-s" solía decir); los milagros de los que se hablaba (que me parecían fantasiosos para considerarlos reales, salvo que se consideraran metáforas)... Pero comprendí que estas preguntas que aún tenía no iban a desaparecer solas, por eso tenía que seguir estudiando y preguntando[40].

Con más estudio, vinieron más preguntas. Sin embargo, sí estaba obteniendo respuestas y a entender cada vez más a Di-s y algunos conceptos del Judaísmo. Por ello, ya no solamente iba a *shiurim* si no que asistía más de una vez a la semana a la oficina del Rabino para debatir y hacer preguntas personales.

---

38   Yo tenía una idea equivocada: pensaba que estudiar *Torá* era aprender qué se puede comer y qué no, o lo permitido y prohibido en *Shabat*... ¡Qué equivocado estaba!

39   La Biblia la componen una parte escrita y otra oral, como se explicará más adelante.

40   Llegué a tener tres blocks de notas en mi celular tituladas: "Preguntas Judaísmo"

Las conversaciones con el Rabino giraban alrededor de temas como la Creación, el sentido de la vida y la espiritualidad: "¿Por qué Di-s creó el mundo? ¿Para qué creó al ser humano? ¿Qué quiere Di-s de mí?"…Todas estas preguntas me inquietaban y me causaban problemas existenciales: era difícil imaginar que un Ser Todopoderoso se pudiese relacionar con alguien como yo, un ser de carne y hueso simple, limitado y con poco conocimiento y bajo nivel de observancia.

Hoy, unos cuantos años después, recuerdo cuáles eran esos pensamientos de confusión y oscuridad y al compararlos con los actuales, se despierta en mí un sentimiento de gran satisfacción, de alegría y confianza, un sentimiento de pertenencia, por saber que tengo una relación personal con el Creador de todo el mundo y una razón de existir (a la que haré referencia más adelante).

Pero como para aquel entonces no estaba ni cerca de saber a dónde me iba a llevar este nuevo camino que había escogido para mi vida, lo que iba a llegar a sentir y pensar, no tenía otra opción que seguir indagando, preguntando y estudiando.

> *Para reflexionar:*
>
> *¿Alguna vez te has preguntado qué espera Di-s de ti?*

Ya no iba a poder comer lo que quería

Ya tenía un tiempo estudiando y profundizando en fundamentos y principios de Di-s y Su mensaje. Había desarrollado una nueva forma de pensar, tenía otra perspectiva del mundo, una distinta manera de cuestionar y analizar los asuntos que se me presentaban y otra actitud con respecto al Judaísmo, pero todavía no había tomado la decisión de cumplir con alguna *Mitzvá*. Antes, quería comprender y saber más. Para mí, eso era muy importante.

En las festividades religiosas continuaba con mi vida como cualquier otro momento del año. Un día que me encontraba en el cafetín de la Universidad Metropolitana, si mal no recuerdo era el tercer día de *Pesaj*, estaba esperando que me trajeran una empanada que había pedido. En eso, un pensamiento surgió en mi cabeza: "¿Cómo es posible que yo, siendo Judío, voy a comer algo que sé que está prohibido durante *Pesaj*?" La realidad es que no era honesto de mi parte hacer algo así por el hecho que contradecía mi postura sobre la veracidad de la *Torá* (y por alguna razón más allá de cualquier explicación lógica, sentía que no estaba bien). Dejé la empanada un momento de lado y, no se el por qué, pero pensé que sería correcto dejar de comer cerdo y mariscos, ya que es una prohibición de las más conocidas en el Judaísmo y nadie duda de ella, porque todos saben que está escrita (literalmente[41]) en la *Torá*. Por lo tanto, ahora, yo no podía seguir comiendo estos alimentos y sentirme bien conmigo mismo.

Con esta decisión, que puede a simple vista parecer sencilla, mi vida había cambiado. Es difícil expresarlo con palabras, pero fue algo

---

41   Cerdo: *"Y el cerdo, ya que tiene la planta hendida y su pezuña está partida completamente, pero no rumia, impuro es para ustedes"* (Levítico 11:7).
Mariscos: *"Pero todo el que no tenga aletas ni escamas en los mares y en los arroyos –de toda criatura rastrera en el agua y de todo ser vivo que está en él– abominación es para ustedes"* (Levítico 11:10)

muy significativo: por primera vez en mi vida había decidido hacer algo por la simple razón de que Di-s lo pedía.[42]

Esto fue un cambio sumamente importante para mí. Ya no iba a poder comer lo que quería como toda mi vida lo había hecho. Al llegar a un restaurant no iba a poder pedir simplemente lo que me provocaba, ahora tenía que pensar si estaba permitido o no. Ni hablar de cuánto me gustaban los camarones y la langosta, y la tocineta… Aunque algunos no vean en esto mayor relevancia o un cambio significativo, no fue algo fácil en mi vida…

> *Para reflexionar:*
>
> *¿Qué tan correspondidas son nuestras acciones con nuestros ideales y creencias?*

---

42   No hay razón lógica ni científica del por qué no se puede comer estos animales. El motivo por el cual no comemos estos animales es, sencillamente, porque Di-s lo prohíbe. Lo que dicen muchos que la razón por la cual no se comen estos animales es porque son animales sucios y dañinos para la salud, es una gran equivocación.

Dejé de creer que sólo lo que me parecía lógico a mí, era lo que podía ser posible

Uno de los temas que más se me hacía difícil de creer y comprender era todo lo relacionado con la parte espiritual de las cosas. La realidad era que, hasta este momento, mi vida había girado en torno a un mundo material. Por supuesto que los valores y sentimientos con los que me habían criado y educado direccionaban mi vida a una altruista, pero nunca había tenido la noción de "algo espiritual" o algo que vaya más allá de lo que vemos.

Tratando de percibir que en las cosas había algo espiritual y de aceptar que existen cosas más allá de lo que uno no puede ver o sentir, buscando la manera de experimentar y vivirlas, el Rabino me dio un par de ejemplos que me "abrieron las puertas" para llegar a creer en estos temas que un tiempo después aceptaría y comprendería su importancia.

El Rabino me mostró un artículo[43] (no ortodoxo) en el que se compara la similitud que hay entre los puntos del cuerpo que se tocan al poner los *Tefilín* con los que toca la acupuntura[44]. El médico quiropráctico Steven Schram, doctorado en acupuntura en el Colegio Pacífico de Medicina Oriental de Nueva York, examinando los puntos de presión y la forma del atado de los *Tefilín*, pudo determinar que en conjunto producen una forma de acupuntura que se concentran en el "*Du Mai*" (vaso gobernante).

Fue de gran impresión ver que justo los lugares que tocan los *Tefilín* en la mano y en la cabeza representan los puntos con más

---

43 Journal of Chinese Medicine N° 70, Octubre 2002, publicado en: www.koshertorah.com

44 Técnica que forma parte de la medicina tradicional china y que consiste en la inserción y la manipulación de agujas en el cuerpo con el objetivo de restaurar la salud y el bienestar en el paciente.

energía del cuerpo, que justamente es por eso en donde se colocan los instrumentos curativos de la acupuntura.

"Las correas del Tefilín *del brazo hacen contacto con aproximadamente cincuenta puntos que la acupuntura china toma en cuenta para la terapia, de los cuales muchos tienen influencia importante tanto en la mente como en el espíritu."*

Steven Schram

También revisé con el Rabino otro artículo en otra revista[45] que reportaba un hallazgo sobre las letras en Hebreo, en síntesis: un científico demostró con equipos computarizados que al pronunciar las letras en Hebreo el diagrama que se dibuja por las ondas emitidas por la voz es justamente la representación gráfica de la letra misma. Algo impresionante. No lo podía creer.[46]

Estos dos ejemplos permitieron a mi cabeza "científica" y a mis ojos "escépticos" admitir que quizás existen cosas más allá de lo que podemos percibir con nuestros cinco sentidos. Es importante para mí aclarar que no empecé a creer más o menos en Di-s ni en la *Torá* tan solo por dos de estos artículos. Sólo quiero resaltar el hecho de que comencé a ver las cosas con otros ojos y otra actitud y que le di la

---

45 Artículo basado en:
    http://arbsolutetruth613.blogspot.com/2012/06/seeing-sounds.html
46 ¿Somos capaces de decir que sólo lo que vemos con nuestros ojos es lo que existe?

oportunidad a las cosas que no veía a ser factibles, quiero decir, dejé de creer que sólo lo que me parecía lógico a mí, era lo que podía ser posible.

Un doctor y un ingeniero entran a un edificio. El doctor ve lo bonito y espacioso que es el edificio mientras el ingeniero percibe otra cosa: se fija en cada detalle de la estructura, las columnas, las vigas, la disposición de cada una; analiza el método constructivo, se imagina cómo fue la secuencia de trabajo y hace observaciones de qué es lo que hubiera hecho él; saca números y estima costos… A pesar de estar en el mismo edificio, los dos ven un edificio totalmente "diferente".

Como me dijo un gran Rabino una vez: "Hay que tratar de dejar de ver el mundo con nuestros propios ojos y empezar a verlo como en realidad es."[47]

Para reflexionar

Piensa por un momento en cómo ha evolucionado el conocimiento de la humanidad con los avances científicos a lo largo de la historia: cada día se descubren cosas nuevas y cambian las teorías, cambiando por completo la percepción que se tenía en diferentes áreas… ¿No podrá la ciencia en algún momento llegar a comprobar el verdadero efecto y alcance que tiene cada Mitzvá?

---

47 Albert Einstein dijo: "Hay dos maneras de vivir la vida: una, como si nada es un milagro y la otra, como si todo es un milagro" (http://www.frasedehoy.com/frase/251)

¿Es posible determinar cuánto dura el Ciclo Lunar?

Continué asistiendo a varias charlas y diferentes estudios para ampliar mi conocimiento sobre Di-s y el enfoque Judío. Uno de los estudios más significativos para mí, fue con un Rabino que se enfocaba en transmitir y difundir las pruebas y evidencias científicas que se encuentran en las Escrituras Sagradas, que forman parte de la sumatoria que confirma que éstas las transmitió el Creador del mundo. Quedé sumamente asombrado de cómo un texto tan antiguo poseyera tantas afirmaciones y profecías que se han cumplido (nos mostró más de quince). Como nos llamó tanto la atención, mis amigos y yo coordinamos un encuentro un poco más privado con el Rabino para seguir hablando de estas pruebas tan impresionantes.

Al día siguiente, le dijimos al Rabino que queríamos una prueba en ese instante, una prueba que no dependiera de algo o que ya hubiera pasado, una prueba que pudiéramos ver con nuestros propios ojos y que no quedara alguna duda de si era cierto o no. El Rabino accedió y nos pidió que le trajéramos un libro del Talmud[48]. Con el Talmud en sus manos, nos preguntó: "¿es posible saber cuánto dura el Ciclo Lunar?". Todos nos quedamos callados. Yo por lo menos, nunca me lo había preguntado. El Rabino buscó una página en particular y leyó de ella:

"La luna no se renueva en menos de 29 días y medio, dos tercios de una hora, y setenta y tres fracciones..."[49]

Como ésta no es la nomenclatura que utiliza la ciencia hoy en día, era necesario convertir estos valores para poder compararlos con los valores que estipulan los astrónomos   cabe destacar que el Talmud data del siglo III y en esa época no se tenía telescopios, computadoras, fórmulas matemáticas y todos los recursos con los que se cuenta hoy

---

48   Conocido también como Guemará.
49   Tratado Talmúdico *Rosh Hashaná* (25a).

en la astronomía— pero antes de hacer las conversiones, el Rabino le pidió a un amigo que entrara en Internet en la página de la NASA[50] y buscara, según los científicos de nuestra época, cuánto dura el Ciclo Lunar.

Cuando mi amigo tenía el número exacto de la página de la NASA, el Rabino lo detuvo antes de decirlo para que los cálculos y conversiones que íbamos a hacer en ese momento no estuvieran influenciados por este número.

Yo, que me quería asegurar de que estos cálculos se hicieran de manera objetiva y transparente y que no hubiera ninguna "ayudadita" para que se asemejaran a los de la NASA, me encargué de realizar los cálculos matemáticos con mis propias manos, ayudándome con la calculadora del celular, obviamente.

A continuación muestro el cálculo correspondiente[51] para transformar los valores del Talmud a los utilizados en nuestros días.

Duración del Ciclo Lunar escrito en el Talmud: 29.5 días + 2/3 de hora + 73 fracciones de hora

Por cuanto que 1 hora consta de 1080 fracciones de hora[52]:

Convirtiendo las horas en fracciones de hora, es decir, multiplicándolas por 1080:

Ciclo Lunar = 29.5 días + 720 fracciones + 73 fracciones de hora

---

50   National Aeronautics and Space Administration

51   http://www.judaismohoy.com/article.php?article_id=789

52   Para poder hacer los cálculos debemos saber que cuando el Talmud habla de "fracciones", no se está refiriendo a minutos, sino a fracciones de una hora que, por razones de practicidad, el Talmud utiliza un sistema para medir el tiempo basado en la cantidad de respiraciones que hace un hombre promedio en un minuto (18veces). No por casualidad es el valor numérico de la palabra חי (vida).
(60 min. x 18 respiraciones/min. =1080). Véase *Ibidem.*

Ciclo Lunar = 29.5 días + 793 fracciones

Convirtiendo las fracciones de hora en horas, es decir, dividiéndolas entre 1080:

Ciclo Lunar = 29.5 días + 0.7342594 horas

Convirtiendo las horas en días, es decir, dividiéndolas entre 24:

Ciclo Lunar = 29.5 días + 0.030594 días

Sumando, nos da un total de:

Ciclo Lunar = 29.530594 días

Tras haber terminado los cálculos y haber obtenido este valor, lo dije en voz alta. ¡Cómo quisiera haberle tomado una foto a la cara del amigo que tenía el valor que consiguió en la página de la NASA!: Según el Talmud el Ciclo Lunar dura 29.530594 días y según la NASA 29.530589 días[53]. ¡Una diferencia en la millonésima fracción! Ni él, ni yo, ni ninguno de los que estábamos ahí podíamos creer la exactitud de los números.

Revisé una y otra vez los cálculos y los comparaba con el celular. Estaba maravillado. Todos lo estábamos. ¡Un amigo hasta lloró!... Y no lo culpo: por primera vez estábamos viendo una prueba, clara y concisa, de que lo que se dice en nuestras Sagradas Escrituras es verdad.[54]

Duración del Ciclo Lunar según el Talmud   = 29.530594 días
Duración del Ciclo Lunar según la NASA   = 29.530589 días

Esto fue una gran revelación para mí: por mi educación formal, me considero una persona cercana a la ciencia. Yo que soy alguien que me gustan los números, que sé que la ciencia representa una parte fundamental de la humanidad, que me gustan las pruebas concretas,

---

53   http://eclipse.gsfc.nasa.gov/SEsaros/SEsaros.html
54   Una de las tres cosas que Di-s le mostró a Moshé "con la punta de Su dedo" fue lo concerniente al Ciclo Lunar (Tratado Talmúdico *Menajot (29a)*).

me gusta ver las cosas con mis propios ojos… Lo tenía ahí en mis manos (literalmente), una de las pruebas de que la *Torá* es verdad.

Mi reflexión fue la siguiente: la única manera que un texto antiguo (demás de 1.700 años) contenga la información y valores de cuánto dura el Ciclo Lunar, sabiendo las limitaciones tecnológicas y avances científicos de aquellos tiempos, obligatoriamente, es que esa información haya sido dada por el Creador de este ciclo, que no es otro que el Creador del mundo.[55]

Es importante para mí señalar que no es que basé mi fe en esta prueba ya que mi creencia no puede verse como un hecho aislado: es la sumatoria de los sucesos, reflexiones, estudio, pruebas y otras más lo que me hicieron creer en Di-s y en la *Torá*.

Otro aprendizaje de aquella oportunidad es que, a diferencia de lo que pensaba, la *Torá* y la ciencia pueden ir de la mano sin contradecirse y que toda la tecnología que actualmente tenemos contribuye a corroborar que es así.

Adicionalmente, me gustaría compartir algunas profecías que se mencionan en los Textos Sagrados que me parecieron muy interesantes:

- **El Muro Occidental del *Beit Hamikdash* jamás será destruido.** (*Midrash Shir Hashirim Raba, Parasha Bet*).

  La ciudad de Jerusalem ha sido destruida varias veces y el *Beit Hamikdash* fue destruido dos veces, pero el Muro Occidental, el *Kotel Hamarabí*, sigue en pie.

---

55 Si bien es cierto que otras civilizaciones antiguas poseían cálculos sorprendentes, como por ejemplo los egipcios sostenían que el Ciclo Lunar duraba aproximadamente 29,8639 días (www.egiptologia.org/ciencia/calendario/calendario_civil.htm), nunca con la exactitud del cálculo mencionado aquí (estamos hablando de igualdades en la millonésima fracción). Además… ¿Dónde están esas civilizaciones ahora?

- **Todo pez que tiene escamas necesariamente tiene aletas.** (Tratado Talmúdico *Jhulín (66b)*).

  ¿Quién puede hacer una afirmación tan riesgosa, poniendo en peligro la veracidad de toda la *Torá*? El único que puede hacer esta clase de declaración es el creador de los peces.

- **La ciudad de Babilonia jamás será reconstruida.** (*Isaías 13:19-20*).

  A diferencia de ciudades como Roma, Atenas y Jerusalem que fueron destruidas y luego reconstruidas, Babilonia, antiguamente uno de los mayores centros del mundo, jamás fue reconstruida.

- **No existe nada cuadrado en la naturaleza.**[56] (*Talmud Yerushalmi, Nedarim 3:2*).

  Vemos en la naturaleza formas geométricas en las perlas (esféricas), el sol (circunferencia) visto desde La Tierra o el interior de un panal de abejas (rombo)… ¿Decir que no existe nada cuadrado en la naturaleza no es una declaración prudente únicamente para el Creador?

Al igual que la "Historia del Reloj" este suceso marcó mi vida. Comencé a ver la *Torá* de manera diferente, con más respeto, aprecio y admiración, tanto la escrita como la oral, porque aprendí que están llenas de sabiduría y lo más importante, era verdad.

Así mi actitud en los *shiurim* cambió. Ahora, al escuchar palabras de algún Rabino o leer algo por mi cuenta, lo hacía con otra actitud, con otra mentalidad: estaba dispuesto a aprender, a saber, a conocer qué más tiene que decir este texto tan valioso y cargado de tanta sabiduría, que mucho antes que la ciencia, pudo decir cuánto dura el Ciclo Lunar.

¿Y es que cómo no iba a querer saber más? Sería un desinteresado sino buscara saber más del mundo en el que vivimos, saber más de nosotros mismos, de nuestro pasado y nuestro camino hacia el futuro y, por sobre todas las cosas, saber cómo relacionarnos con Di-s.

---

56   En particular esta última me causó mucho asombro: ¿Quién, si no Di-s, puede poner en riesgo todo diciendo algo así?

Este acontecimiento me inspiró tanto que me propuse estudiar más y continué debatiendo, escuchando, leyendo… En otras palabras, mi investigación aumentó y, a su vez, intenté cumplir nuevas *Mitzvot*. Eso sí, siempre busqué analizar y comprender lo que se planteaba para luego, aplicarlo y cumplirlo. Con esto no pretendo establecer que esta sea la postura que se debe tomar para realizar una *Mitzvá*, pero en aquel momento era lo que me parecía correcto.

Aun así, después de haber pasado por todo este proceso, de las pruebas, de las reflexiones, de todas y cada una de las pláticas y estudios en los que participé y otros factores que no se pueden expresar en palabras y escribir, después de todo esto, irónicamente, había personas que decían que mi decisión de acercarme a Di-s fue porque "me lavaron el cerebro". Incluso, tras todo el esfuerzo que puse en preguntar, cuestionar, analizar, entender… Todavía hay personas que creen que me "volví loco de repente" y transformé mi forma de vivir y pensar de un día para otro.

> *Para reflexionar:*
>
> *¿Te fijaste en la exactitud de los números planteados anteriormente? ¡Vuélvelos a ver!… ¿No son increíbles?*

¡Ok! Sí creo en Di-s pero… ¿Por qué tengo que ir todo el día a la sinagoga a rezar? [57,58]

Era cierto que ya creía que Di-s había creado el mundo, ¿pero acaso eso significaba que tenía que cambiar mi manera de vivir? ¿Por qué iba a dejar de hacer mis actividades y empezar a hacer otras?

El problema era muy complejo: no sabía cómo combinar esta área con mi vida personal —con mi educación y mis ideales, con mi personalidad, con mis deseos y metas— porque no podía dejar de ser quien era y dejar de lado mis pensamientos y sentimientos. Pensaba que, de aceptar vivir "como Di-s manda", toda mi vida debía cambiar, una vida que yo llevaba cultivando por ya casi 23 años.

Cuando discutí este tema con un amigo que sí era observante, me dio un ejemplo que me hizo entender la importancia y la necesidad de cumplir con lo que se establece en la *Torá*:

> Imagina que una persona muy pobre gana la lotería. Entre otras cosas, decide comprar un carro. El señor había visto diferentes personas conduciendo, incluso había estado un par de veces en uno, pero el hecho es que no sabía nada de carros.

---

57   El título de esta sección se debe a que una vez estaba discutiendo con un primo si era necesario hacer todo lo que la *Torá* establece. Él decía que nunca había tenido dudas sobre la existencia de Di-s y que creó el mundo, sin embargo sí tenía preguntas sobre la veracidad y la razón de ciertas *Mitzvot*, y repetía que de la existencia de Di-s no (¡si supiera la dicha que es poder decir eso!). En esa oportunidad mi primo me dijo: "¡Ok! Sí creo en Di-s pero… ¿Por qué tengo que ir todo el día a la sinagoga a rezar?". Yo le respondí con el ejemplo: "Imagina que una persona muy pobre gana la lotería…" (Continúe con el ejemplo arriba).

58   En el versículo "שמע ישראל ה׳ אלקינו ה׳ אחד" la palabra שמע hace alusión a los tres rezos שחרית (*Shajarit*), מנחה (*Minjá*) y ערבית (*Arvit*) por lo que todo Judío debería asistir diariamente a ellos.

Así que después de unos cuantos kilómetros manejando su carro nuevo, éste se detiene: se había quedado sin gasolina. Como el señor había visto que las personas le echaban "un líquido" a un costado de los carros, buscó una gasolinera e hizo lo mismo. Lamentablemente por su ignorancia, le puso "Diésel" en vez de gasolina. Por supuesto, esto no funcionó, pero… ¿Por qué no funcionó si el señor también le echó "un líquido", solo que era diferente? La respuesta es que, simple y llanamente, el que fabricó el carro determinó y configuró que éste funcione con gasolina y no con Diésel. Así que aunque el señor no entienda, no le parezca lógico o incluso no le parezca importante este detalle, no va a cambiar el hecho que ese carro funciona de la manera que estableció el fabricante.

¿Qué debería hacer este señor? Debería agarrar el folleto con las instrucciones de cómo funciona el carro, que por supuesto, están escritas por el mismo que fabricó el carro.

Si en las instrucciones dice que hay que hacerle servicio al carro cada 5.000 kilómetros, donde hay que cambiarle el aceite al motor, cambiar los filtros, etc. y al señor no le parece lógico que cada 5.000 kilómetros hay que hacerle servicio sino cada 20.000 kilómetros, eventualmente el carro dejará de funcionar de la manera correcta. ¿Por qué? Porque el fabricante, que conoce muy bien su producto, sabe la razón de hacer el servicio cada 5.000 kms. Y no cada 20.000 kms., por algo lo dice en las instrucciones.

Y siguiendo esta idea se pudiesen dar otros ejemplos:

- Si un doctor dice que sigas un tratamiento, no lo cuestionarías.

- Si el ingeniero del edificio donde vives te indica que en cierta área no coloques maquinaria pesada porque la estructura no la soportaría, de seguro no lo harías.

- Si en un producto hay un sticker que te advierte que es venenoso, no lo consumirías.

- Si el electricista te dice que no conectes tal artefacto en tal tomacorriente, no lo enchufarías.

- Si tu profesor te recomienda estudiar ciertos temas porque son importantes para tu formación, escucharías su palabra.

- Si tu entrenador te fija unos ejercicios al día para tu bienestar, los tratarías de hacer diariamente.

- Si tu padre te da consejos para tu vida, buscarías de ponerlos en práctica.

Y así miles y miles de ejemplos donde una persona con sentido común, respetaría las advertencias y recomendaciones que un experto o el mismo fabricante de las cosas estipulan.

Mi amigo no necesitó decirme más para que yo entendiera el punto de la analogía que estaba haciendo, pero quiso agregar un ejemplo más para completar la idea:

Dos amigos de la infancia se encuentran después de muchos años. Entre una de las cosas de las que hablan se dan cuenta que tienen el mismo carro:

- ¿Qué increíble el sonido de las cornetas verdad?
- ¡Sí! ¿Y te fijaste que le puedes poner 10 CD´s?
- ¡Claro!... Pero lo que más me gusta es que puedes configurar las direcciones que más frecuentas.
- Sí eso es excelente… A mí lo que más me gusta son los masajes que te hace el asiento.
- ¿Qué masajes?
- ¿No sabes que el carro te hace masajes?
- ¡No!...

- ¿Y que te lee las noticias, archiva tus comentarios y hasta te hace el café?...

- ¡No! ¡Tengo el carro desde hace 8 años y no sabía que hacía todo eso! ¿Cuánto más me estaré perdiendo?...

Hay personas que viven con la idea de que lo saben todo y que no les queda más por aprender o conocer, que ya han aprendido suficiente y viven bien así[59], cuando realmente no saben que existe todo un mundo de posibilidades que nunca hubieran imaginado.

> *Para reflexionar:*
>
> *Si una lavadora que tiene una que otra configuración viene con un manual de instrucciones... ¿No es lógico que algo mucho más complejo como el mundo y el cuerpo humano también?*

---

59 "¿No crees que, aún si estás contento con tu manera de vivir y tu felicidad, ésta puede mejorar todavía más?" Esta pregunta me la hicieron mientras yo trataba de imponer que la manera en que vivía era la correcta.

¿Y si yo en realidad no soy Judío?

Un día me vi aturdido por una idea que invadió mi cabeza: "¿Y si yo en realidad no soy Judío?" No tenía ninguna razón para sospechar de mi Judeidad, pero esta idea conquistó mi pensamiento. Una y otra vez saltaba la pregunta y con ella una preocupación. Llegó a tal punto de molestia, que fui a donde mi Rabino para que me hiciera alguna prueba y así calmar mi inquietud. Para mi desilusión, no existe tal cosa como el ADN Judío o exámenes de sangre para determinar si una persona era Judía o no. Pero el Rabino me dijo que me quedara tranquilo, que yo era Judío sin lugar a dudas, que no me preocupara por eso.

Pasaron los días y, aunque el Rabino me había tranquilizado, mi preocupación no cesó: "¿Cómo el Rabino puede estar tan seguro? ¿Acaso él conoce a mi familia de Alepo[60] siendo él de Europa?" No podía quedarme tranquilo… La idea seguía inquietándome.

Después de unas semanas de mucha angustia a consecuencia de este tema, se me ocurrió una idea para resolver este problema existencial: cuando tuviese una oportunidad le iba a preguntar a mi abuela materna algo sobre su pasado, algo que me diera algún indicio que la vinculara al Judaísmo. El único problema era que lo tenía que hacer disimuladamente, es decir, no quería inquietarla o que ella supiera que yo me preguntara por mi condición de Judío; si lo intuía, seguramente se hubiera ofendido y me regañaría.

Durante la cena de *Shabat* de esa semana, puse en acción el plan que me sacaría de toda duda:

> – Abuela —la llamé un poco nervioso— cuando tú eras pequeña, ¿hacían el *Seder de Pesaj*[61]?.... —Pregunté sin saber qué esperar...

---

60   La familia de mi abuela materna es procedente de la ciudad de Alepo, Siria.
61   Ceremonia en donde se relata la Salida del Pueblo Judío de Egipto.

> — ¿Cómo que si hacíamos el *Seder de Pesaj*? Maleducado…
> ¡Nosotros éramos muy religiosos para que lo sepas!
> —Respondió mi abuela muy enojada conmigo—
> No existía tal cosa como que comiéramos cerdo y
> mariscos. Ni tampoco mezclar carne con leche.[62] Eso
> no se le pasaba a ninguno por la cabeza mientras
> vivíamos en Egipto. Solo que cuando tuvimos que ir a
> Maracaibo[63], eso era puro "monte y culebra"[64]… ¿Qué
> *Kashrut*[65] podíamos observar allá?…

Me llevé mi tremendo regaño, pero me quedaron bien claro mis orígenes Judíos. Mientras mi abuela me regañaba pensaba: "¡Ufff! ¡Qué bueno que soy Judío!" (no porque pensara que fuera malo no serlo, sino que eso era lo que sabía desde mi infancia y me inquietaba mucho el que algo que toda mi vida había dado por cierto, no hubiera sido verdad).

Le conté esta historia a mi Rabino y le pareció muy graciosa. Me dijo que él no tenía una sola duda de que yo era Judío y me invitó a preguntarle al otro lado de mi familia sobre mis antepasados, si eran creyentes, practicantes u ortodoxos… Y como no tenía la menor idea del nivel de observancia de mis antecesores, emprendí la tarea de averiguar sobre ellos.

Recurrí a mi tía, la hermana de mi padre, para conocer más acerca de mis familiares de ese lado de la familia y, para mi sorpresa, ella me dijo que mi bisabuelo y tatarabuelo habían sido Judíos dedicados al estudio de la *Torá* y observancia de las *Mitzvot*.

Toda esta información me tenía muy impresionado: yo estaba tratando de adoptar una vida más observante esforzándome "contra viento y marea" por hacer las cosas bien y mi familia estaba preocupada porque pensaban que me iba a separar de ellos, como me solían decir.

---

62   Prohibición Bíblica (Éxodo 23:19 – 34:26); (Deuteronomio 14:21)

63   Capital del Estado Zulia, Venezuela.

64   Expresión utilizada en Venezuela para referirse a un lugar poco desarrollado o arcaico.

65   *Mitzvá* relacionada con la alimentación.

Me preguntaban por qué era necesario ser *Kasher*[66] y ser *Shomer Shabat*[67] si "nuestra familia siempre había sido como lo somos ahora"... Y pensar que tenía antepasados como los que me describió mi tía.

Aarón Wacher, Tatarabuelo paterno, Polonia.

Le pregunté a mi tía si mi abuelo (su papá) en algún momento había sido *Kasher* o *Shomer Shabat* para ver si era alguna locura mía e iba a ser el primero de la familia en querer cumplir estas *Mitzvot*. Su respuesta fue muy reveladora: no solo que mi abuelo había sido *Kasher* y *Shomer Shabat,* sino que en una oportunidad que empezó a trabajar en *Shabat,* mi bisabuelo ¡lo botó de la casa por 9 meses! Así de importante era el Judaísmo y su observancia en mi familia.

Cuando le conté a mi Rabino este descubrimiento familiar no lo noté muy impresionado. Le pregunté por su falta de asombro y me dijo que así era antes, que hace unos 80 años ser *Kasher* y *Shomer Shabat* era lo usual. Muy pocos Judíos no lo eran. Todos tenían una vida muy observante. Trabajaban y estudiaban *Torá,* eso era lo básico y, aunque sólo algunos se dedicaban a ser Rabinos siendo la mayoría comerciantes, el estudio formaba parte del día a día.[68] Pero debido a la Segunda Guerra Mundial y el fenómeno de la globalización, el nivel del estudio de *Torá* y la observancia de sus leyes decayó. Por lo tanto, si cada Judío busca e indaga en

---

66 Observar y respetar el precepto de comer únicamente bajo las normas Judías.

67 Observar y respetar todas las leyes Judías con respecto al día sábado.

68 Cabe destacar que a principios del siglo XIX empezaron fuertes corrientes de "Iluminismo" y "Asimilismo" (política que pretende suprimir las peculiaridades dentro de una sociedad para favorecer la homogeneidad. Real Academia Española) dirigido por grandes intelectuales en el mundo del arte, la política y la ciencia de la época, qué proponían una secularización del Judaísmo. Estas corrientes continuaron cada vez con más fuerza hasta el siglo XX, originando también el movimiento reformista y que miles (o millones) de Judíos se "conviertan" al cristianismo.

la historia de su familia, no hay duda que encontrará bisabuelos o tatarabuelos que, no solo cumplían con las *Mitzvot,* sino que muchos eran Rabinos.

Me quedó bien claro que el camino por el cual estaba empezando a dirigir mi vida era el mismo en que transitaron mis antepasados y la gran mayoría de los Judíos había recorrido a lo largo de la historia, que son más de 3.000 años.

> *Para reflexionar:*
>
> *Si los Judíos han vivido por más de 3.000 años tratando de cumplir las Mitzvot de la mejor manera y estudiando Torá… ¿El hecho de que nos encontremos en la época de mayor avance tecnológico y conocimiento científico es un argumento válido para dejar de hacerlo porque… "Eso era para las épocas de antes que eran anticuadas, ahora el mundo cambió y es más moderno"?*

¿Por qué no todos sentían lo mismo que yo?

A medida que fui estudiando, aprendiendo y creciendo, tanto espiritualmente como en el desarrollo personal, iba cambiando mi actitud hacia la vida, hacia las personas que me rodeaban y hacia todas y cada una de las situaciones a las que me enfrentaba.[69] A su vez, también crecía en mí un deseo de que mi familia y seres cercanos sintieran lo mismo que yo.

La realidad era que cada vez vivía más alegre y era más feliz: la idea de que existe un Ser Todopoderoso que te cuida, ayuda y guía (por mencionar sólo unas pocas de Su magnificencia) me daba una felicidad inexplicable. Además, el hecho de saber que todo lo que nos pasa en la vida no es una cuestión de suerte o eventos que ocurren al azar o coincidencias, que no estoy en este mundo sin ninguna razón, que las cosas tienen sentido y una dirección, que hay un objetivo[70] y que no estoy enfrentando los retos de la vida solo, sino que tengo un Padre que está supervisando mis actos y moviendo las piezas necesarias para que yo sea feliz… me daba una tranquilidad interna y una sensación tan grata, que ni sabía que podía tener.

Un niño abordó un avión para viajar a Nueva York. Llamando la atención de todos con su boleto en mano, buscó su asiento y se sentó al lado mío. Se veía un niño educado, seguro e inteligente. Me miró, sonrió, sacó un libro y comenzó a dibujar, pintar y colorear.

A pesar de su corta edad, como unos 8 años, no presentó rasgos de ansiedad ni nerviosismo cuando despegó el avión. El vuelo no fue muy bueno, hubo una tormenta y

---

69 Todas estas son resultados de "hacer" *Teshuvá* (véase el final de este capítulo).
70 Di-s creó el mundo con la intención de que la humanidad lo perfeccionara creando en un lugar físico y material, un espacio donde Di-s pueda morar.

mucha turbulencia. El avión se movía fuertemente y todos estaban muy nerviosos, pero el niño mantuvo su calma y serenidad en todo momento…¡¿Cómo lo hacía?! ¿cuál era la explicación de su calma?

Muerta de curiosidad le pregunté:

- Niño, ¿no tienes miedo?
- No señora —contestó el niño y mirando su libro de pintar le dice— Mi padre es el piloto...

Este sentimiento de pertenencia a un todo (que va más allá de mis capacidades y límites de entendimiento) más el hecho de saber que me encontraba en el camino correcto, cambió mi vida por completo. Le dio más significado, más sentido y profundidad. Comprendí que mi presencia en el mundo tiene su importancia, que mis acciones influyen el rumbo a donde se dirige la humanidad, que el hombre tiene poder para cambiar el mundo[71] y lo que es más importante aún, que tengo un objetivo y misión que sólo yo puedo cumplir[72], que incluye refinar y perfeccionar mis *Midot*[73], ayudar a otra persona a mejorar su vida (con un consejo, apoyo, etc.), traer espiritualidad y bondad al mundo y hacer de éste una morada para que la presencia de Di-s sea cada vez más revelada y clara… Por eso, quería esto para mi familia y amigos también, pero, ¡¿por qué no todos sentían lo mismo que yo?!

Lo más curioso de todo es, que a pesar de que cada vez crecía en mí este sentimiento y deseo de compartir más con mi familia, de apegarme a ellos, de ser un mejor hijo, hermano, amigo… Este deseo de que ellos también sintieran y vivieran esta satisfacción de creer en

---

71   Una *Mitzvá*, estudiar *Torá*, rezar o hacer un acto de bondad tienen la fuerza de cambiar el mundo, por eso es que somos socios de Di-s.

72   Nuestros Sabios preguntan: "¿Por qué Di-s creó un solo hombre al principio?" (Tratado Talmúdico *Sanedrín (37a)*). Una de las explicaciones que escuché fue que Di-s creó al hombre sin un semejante, para enseñarnos que cada persona tiene la capacidad (y está obligado) a cambiar el mundo en su sendero según sus capacidades.

73   Cualidades, características y rasgos de la personalidad.

Di-s y cumplir con Su Voluntad, a pesar de que esta era una de mis prioridades, para los demás parecía justamente lo contrario: que quería separarme de ellos y escoger otro rumbo.

Confieso que vivía angustiado por este hecho. No es un tema sencillo de manejar. Se me presentaban muchas circunstancias diferentes en las que trataba de que las cosas resultasen de la mejor manera posible, tanto que se respetaran las leyes establecidas como que nadie se sintiera ofendido (y había muchas maneras de cómo la gente se ofendía independientemente de lo que yo hacía) mientras intentaba compartir y pasar un rato agradable con los demás. No fue muy fácil que digamos... Sumado a todo esto —como uno de mis mayores deseos era que mis seres queridos sintieran y vivieran conmigo este camino de felicidad en el que me encontraba— me esforzaba por explicarles lo que había aprendido, no solo porque era verdad, sino también porque creer se sentía bien… ¡Era felicidad!... Y quería que ellos también la vivieran conmigo.

Tuve (y sigo teniendo) muchas conversaciones con mi Rabino para manejar cada vez mejor este tema. Lo que dicen muchos, "la religión separa familias", era un prejuicio bastante arraigado que tenía[74] y no quería que en mi familia este distanciamiento se convirtiera en realidad. Para ello, me he esforzado arduamente buscando la mejor manera de cumplir con las *Mitzvot* y no incomodar a nadie, muchas veces actuando según la *Halajá*[75] sin llamar la atención para no crear conflictos: cediendo donde es posible (siempre con la idea de avanzar y de seguir creciendo) y, por sobre todas las cosas, con mucha alegría y tranquilidad.

Hasta el día de hoy es muy importante para mí que los demás sientan y vivan lo mismo que yo, o mejor dicho, lo que ellos mismos van a sentir al encontrarse en el camino correcto y esta sigue siendo

---

74   Y no faltaron personas que me lo reforzasen.
75   Compendio de leyes Judías basadas en la *Torá*.

una de mis principales prioridades porque sé que estar en el camino de la *Torá* y creer en Di-s, es el camino de la felicidad.[76]

> *Para reflexionar:*
>
> *Pocas personas negarían la existencia de Di-s, pero... ¿Qué tanto confían en Él?*

---

76 Tomé la decisión, libremente, de seguir el camino de Di-s. Ahora que eso involucre tener que cumplir o dejar de hacer algunas cosas, ¿me quita mi libertad? Cuando una persona se casa, acepta un nuevo empleo, se une a un equipo deportivo profesional... ¿Puede hacer lo que quiera, como estar con otra mujer, irse a la playa un día de semana o no entrenar por un mes? Por supuesto que no. ¿Pero acaso eso quiere decir que ya no es una persona libre? Cabe destacar que aunque cualquiera de estas tres personas (conyugue, empleado o jugador respectivamente) en cualquier momento puede tomar la decisión de hacer algo en contra de la relación de la que forma parte, de igual manera yo puedo decidir no cumplir con la Voluntad de Di-s.

"Hacer" Teshuvá

Coloquialmente, la palabra *Teshuvá* se ha transformado en sinónimo del término español "arrepentimiento", sugiriendo una relación con el pecado. Arrepentimiento, derivado de "penitencia", pareciera implicar remordimiento o culpa y un esfuerzo por modificar el comportamiento propio, cuando en realidad lo que implica hacer *Teshuvá* es de un orden completamente diferente:

La *Teshuvá* es más una recalibración de la conciencia que una mera defensa o confesión de errores; es un giro de renovación espiritual mayor, a través del cual el cambio derivado ocurre orgánicamente. La *Teshuvá* transforma directamente al creyente por dentro, y luego, por asociación, purifica y alinea la creencia.

En otras palabras, hacer *Teshuvá* es tomar la decisión de emprender un nuevo camino, una nueva forma de vida, direccionada hacia lo que plantea la *Torá*, donde cada persona tendrá diferentes medios y niveles de compromisos.

Capítulo II

Respuestas a preguntas puntuales
que formaban parte de mis argumentos
en contra de Di-s y la Torá.

¿Y quién creó a Di-s?

Un día en el que varios amigos estábamos hablando de la vida, discutiendo la existencia de Di-s, "filosofando"… Comenzamos a reflexionar y debatir sobre una interrogante muy arraigada, utilizada por muchos no creyentes (yo me incluía en ellos) como un argumento para rechazar la existencia de un Creador: "¿Y quién creó a Di-s?"[77]

Esta pregunta, por más razonable y sensata que parezca, tiene una gran falla de raíz[78], la cual un amigo respondió con un grandioso ejemplo:

> Imagina que estás jugando el video juego FIFA de Play Station. Estás jugando un partido contra un amigo donde tú eres el Barcelona Futbol Club y él es el Real Madrid. Tienes la pelota, la tienes con Lionel Messi y cuando estás cerca del área chica chutas y metes gol.
>
> Ahora vamos a suponer por tan solo un momento que, hipotéticamente hablando, el Messi del Play Station "sale" de la pantalla, te vas a jugar futbol con tus amigos e invitas al Messi de FIFA. Cuando estás jugando haces una pared con un amigo, chutas al arco y metes gol. "¡Gooooooool!". Gritas corriendo por toda la cancha y cuando se acerca el Messi de FIFA para celebrar contigo te pregunta:

---

77 La pregunta se basa en el siguiente razonamiento: al igual que Di-s creó el mundo, alguien también lo tuvo que crear a Él.

78 La existencia de Di-s va más allá de cualquier concepto o definición humana ya que Él existe antes que todos éstos, por lo tanto, Él no puede ser definido, explicado ni relacionado con ningún concepto humano. Así que preguntas como "¿Qué había antes de Di-s?" o "¿Dónde está Di-s?" están fuera de contexto y ni pueden ser formuladas en un principio, porque Di-s creó el tiempo y el espacio, por lo tanto, Él no está limitado ni sujeto a estos parámetros. Véase Rabí Moshe Jaím Luzzato, *Derej Hashem- El Camino de Di-s*, (México D.F., Editorial Jerusalem de México, 2010), pp. 13-19.

- ¿Cómo chutaste sin apretar el botón?[79]
- ¿Qué? —Preguntas indignado— ¿Cómo que "cómo chutaste sin apretar el botón"? Yo no necesito apretar algo para chutar, yo puedo chutar cuando y como quiera. Sólo para que tú chutes, hace falta apretar un botón: estás programado para que así sea. Así que no vengas a preguntarme cómo yo chuto sin apretar un botón.

De la misma manera nos respondería Di-s si le preguntáramos quién lo creó a Él: "¿Quién me creó? A Mí nadie me creó, Yo fui el que creó la posibilidad de crear.

Hasta el día de hoy hay veces que este tipo de conceptos me cuesta entenderlos y por eso trato de reflexionar en ellos todos los días. Hay días que me resultan más fáciles de entender, otros más complicados, y es que por más que cuestione, reflexione, piense y analice la existencia de Di-s, nunca lo voy a alcanzar a comprender en su totalidad, porque Él está más allá de la compresión y definición humana[80]. Pero lo que me tranquiliza es que sé que mi tarea es acercarme y relacionarme con Di-s de acuerdo a mi nivel[81], que depende directamente del esfuerzo y deseo que ponga y de hasta donde se nos es humanamente posible llegar.

---

79 El juego FIFA está programado para que al apretar el botón que tiene un círculo dibujado el jugador chute.

80 "Aquel que declara que es imposible captarlo a Él, es como quien afirma respecto de algún concepto profundo y elevado que no puede ser palpado con las manos debido a la profundidad del concepto. Quienquiera que lo oiga se burlará de él, pues el sentido del tacto incumbe y es aplicable solo a los objetos físicos que pueden asirse con las manos. Exactamente así, el nivel de intelecto y captación respecto del Santo, bendito sea, es considerado como la acción física, tal cual." Rabí Shneur Zalman de Liadí, *Tania, Shaar HaIjud Vehaemuna,* (Argentina, Editorial Kehot Lubavitch Sudamericana, 1995), p. 113.

81 Tanto espiritual como intelectual, donde ambos dependen del estudio de *Torá* y el cumplimiento de *Mitzvot*.

Por fin un grupo de científicos se reúnen y le dicen a Di-s que ya no necesitan Su ayuda, que con sus descubrimientos ellos podían perfectamente hacer al hombre. Entonces sacan un poquito de tierra y agua y empiezan a mezclarlos y dice Di-s: "¡Aguanta, aguanta! Lo tienen que hacer sin utilizar Mi tierra y Mi agua…"

Para reflexionar:

¿Estamos tan siquiera cerca del nivel de Di-s como para cuestionarlo y hasta llegar al punto de retarlo?

¿Dónde está escrito eso?

Por muchos años dudé de la veracidad de todas aquellas leyes, obligaciones y prohibiciones que no se encuentran literalmente escritas[82] en el Pentateuco[83]. Para ese entonces, ya creía que la *Torá* Escrita era completamente verdad (como expliqué anteriormente). Sin embargo, consideraba que la *Torá* Oral estaba llena de interpretaciones, opiniones y reglas e inventos que han agregado Rabinos después de que Di-s la entregara a Moshé en el Monte Sinai[84]. Entonces… ¿por qué iba a hacer lo que un Rabino interpretó a su manera? ¿Quién dijo que Di-s realmente quiere que hagamos eso? ¿Dónde está escrito eso?...

Lo primero que decidí hacer fue informarme y estudiar qué decían Las Escrituras sobre qué es lo que realmente había ocurrido durante los cuarenta días y cuarenta noches que pasó Moshé en el Monte Sinai (ya que se supone que allí fue cuando Moshé recibió la *Torá* Oral), pero sin tomarlo, en principio, como una verdad absoluta. La realidad era que, además de unas pocas historias y de haber visto la película de "Príncipe de Egipto" de Disney, no sabía cómo había sido la entrega de la *Torá* y, para mi gran asombro, sabía mucho menos de lo que creía.

Como todos, sabía que Moshé había subido y pasado cuarenta días y cuarenta noches en el Monte Sinai para recibir la *Torá*. Una vez que bajó y vio que el Pueblo Judío había hecho un becerro de oro (pues pensaron que Moshé había muerto y ya no iban a tener como comunicarse con Di-s), rompió Las Tablas con los Diez Mandamientos. Luego el pueblo se arrepintió y Moshé pidió a Di-s

---

82 Las que sí se encuentran escritas literalmente las comencé a cumplir después de un tiempo cuando entendí y acepté que la *Torá* es verdad y fue entregada por el Creador, como expliqué anteriormente.

83 El Pentateuco está compuesto por los Cinco Libros de Moshé. Conocido en español como El Antiguo Testamento.

84 Lugar donde Moshé, junto con el Pueblo Judío, recibieron la *Torá*.

que los perdonara y tras aceptar la petición de Moshé le entregó unas Tablas nuevas. Básicamente esa era la historia que sabía.

Luego de haber estudiado con más profundidad el evento de la entrega en el Monte Sinaí, me hicieron una pregunta[85] que fue la "llave para abrir miles de puertas": ¿Qué fue lo que Moshé recibió? ¿Únicamente Las Tablas con Los Diez Mandamientos? ¿Un rollo tal como lo vemos en la sinagoga? ¿O quizás un libro?... Si la respuesta es que Di-s solamente le entregó Las Tablas… Cabe preguntar por qué era necesario que Moshé permaneciera cuarenta días y cuarenta noches para recibir un único artículo de Di-s… ¿No bastaba unos pocos minutos para saludarse y después entregarle Las Tablas, el rollo o el libro y listo? ¿Por qué era necesario que Moshé estuviera arriba cuarenta días y cuarenta noches?

La verdad es que la pregunta era muy válida: no tenía ninguna lógica todo el tiempo que Moshé había estado arriba si lo que recibió fue únicamente Las Tablas con Los Diez Mandamientos[86]. Tenía que haber una explicación razonable para este tiempo tan extenso y específico.

Esta fue la respuesta que recibí de qué es lo que realmente ocurrió cuando Moshé subió al Monte Sinai:

Cuando Moshé subió a recibir la *Torá*, Di-s no solamente le entregó Las Tablas: Moshé recibió toda la *Torá* de la "boca" de Di-s. Tanto La Escrita como La Oral[87]. El proceso fue muy interesante: Di-s le decía a Moshé el versículo que debía escribir (*Torá* Escrita) y después le decía su explicación (*Torá* Oral), que no lo podía escribir[88]. Así fue, versículo por versículo, Di-s le enseñaba a Moshé qué iba a escribir y cuál era su explicación para ello[89].

---

85   Cabe destacar que a mí nunca se me había ocurrido esta pregunta.

86   Esa había sido mi respuesta a la pregunta "¿Qué fue lo que Moshé recibió?"

87   Dice el versículo: "*Estos son los estatutos, las leyes y Las Torot que el Eterno entregó —entre Él y los Hijos de Israel— en el monte Sinai por medio de Moshé* (Levítico 26:46). El aludir a la *Torá* en plural el versículo se refiera a las dos partes que constituyen la *Torá*: una escrita y una oral. (Rashi a Levítico 26:46).

88   Tratado Talmúdico *Gittin* (60b); *Shemot Rabá, 47*.

89   Rabí Moshé Ben Maimón (Maimónides), *Mishné Torá Hashalem*, (Israel, Editorial Chazak, 2010), Introducción.

En resumen, Di-s le decía a Moshé qué iba a escribir (*Torá* Escrita) y cuál era su significado (*Torá* Oral). ¿Qué quiere decir esto? Que la *Torá* Escrita y La *Torá* Oral fueron entregadas al mismo tiempo, con los mismos involucrados y bajo las mismas condiciones… ¡Y que nunca existió una sin la otra!

Entonces, sabiendo qué realmente fue lo que le entregó Di-s a Moshé cuando subió por cuarenta días y cuarenta noches al Monte Sinai, pude finalmente empezar a responder la pregunta[90] —que hacía siempre que escuchaba una ley, prohibición o explicación que no me resultara lógica o, peor aún, que implicara que tuviera que cambiar mi comportamiento o dejar de hacer algo— porque entendí que no hay tal cosa como creer en lo que está escrito y no en la tradición oral[91].[92]

Cuentan que a mediados del siglo XX se reunieron los grandes Rabinos de la generación para discutir unas

---

90   "¿Dónde está escrito eso?".

91   La lectura de la *Torá* tal cual como se lee en la sinagoga se debe estrictamente a la tradición oral porque La Escritura no tiene puntos (que son las vocales en Hebreo) que indique cómo se debe leer cada palabra.
Por ejemplo: El quinto versículo de la *Torá* "… *Vayehí EREV Vayehí BOKER Yom Ejad*" ("y fue noche y fue día, día uno") de no ser por la tradición oral se pudiera leer "… *Vayehí OREV Vayehí BAKAR Yom Ejad*" significando que en vez de "noche" y "día" fue "cuervo" y "vaca".

92   1) Nadie duda que en el *Brit Milá* una de las cosas que hay que hacer es cortar al recién nacido una parte del miembro masculino. Sin embargo, lo que está escrito referente al *Brit Milá* en la *Torá* es: "בשר ערלתם" (Génesis 17:23) que la traducción simple es: "… *la carne que los obstruye*" (la traducción literal de la palabra "ערלה" es "obstrucción" y no "prepucio"). Entonces, ¿cómo sabemos que esta carne de la que está hablando el versículo es el prepucio y no cualquier otra parte del cuerpo si no es por nuestra tradición oral?
2) Nadie duda que los *Tefilín* son un objeto que consta de unas cajas negras y unas cuerdas de cuero… Sin embargo, lo que está escrito referente a los *Tefilín* en la *Torá* es: "וקשרתם לאות על-ידך והיו לטטפת בין עיניך" (Deuteronomio 6:8) que la traducción simple es: "*Las atarás como señal sobre tu mano, y serán por recordatorio entre tus ojos*". Entonces, ¿cómo sabemos que esta señal y el recordatorio que está hablando el versículo son estas cajas con cuerdas y no cualquier otra cosa?

nuevas normativas que se querían implementar en las comunidades Judías europeas.

Cuando le preguntaron a uno de los Rabinos presentes su opinión al respecto, no estuvo de acuerdo con aprobarlas.

– ¿Dónde está escrito que no se deberían aprobar estas normativas? —Preguntó otro Rabino que estaba a favor de las propuestas.

El Rabino se levantó de su silla y señalando su pecho exclamó: "¡Aquí en el corazón!"

Esta increíble historia muestra el cariño y amor que tienen nuestros Sabios por la *Torá* y por el Pueblo Judío, y que sus explicaciones y decretos van mucho más allá de caprichos y tecnicidades, por el contrario, están llenos de un amor incondicional que trasciende toda clase de limitaciones racionales.

> *Para reflexionar:*
>
> *Únicamente el Judaísmo afirma que la manifestación de Di-s fue hecha en un acto masivo, donde millones de personas presenciaron y escucharon la revelación Divina, y no fue sólo una persona o un grupo de pocos a los que Di-s se les presentó. ¿Qué tan posible es crear una conspiración donde millones de personas sean cómplices?*[93]

---

93 Este hecho, hasta el día de hoy, me resulta sumamente sorprendente.

Todo lo que sabemos hoy no necesariamente es lo que se dijo hace 3.000 años

A pesar de que había entendido y estaba empezando a aceptar que la parte oral de la *Torá* es igual de válida que la escrita, había un gran problema en todo este asunto, algo sumamente delicado y, de haber ocurrido (que suponía que era lo más probable como explicaré a continuación), las consecuencias ocasionarían muchas controversias, restándole legitimidad a la *Torá* Oral. ¿Cuál era este gran problema? Que, como muchas otras personas, pensaba que en el transcurso de los años, debido a que la *Torá* Oral se transmitía de "boca en boca", existía la posibilidad de que haya sido tergiversada[94] con el paso del tiempo, que mucha información se pudo haber perdido, las leyes pueden haber sido alteradas, las razones y explicaciones cambiadas, y que muchos pudieron haber agregado sus propias ideas... El problema era que "todo lo que sabemos hoy no necesariamente es lo que se dijo hace 3.000 años"[95].

Esta reflexión que me perturbaba representaba un constante obstáculo en cualquiera de los temas que tratara de entender, impidiendo así mi aceptación y crecimiento en el marco de la *Torá*. Pasaron algunos años de estudio y de muchos debates sobre este dilema con Rabinos, así como también análisis específicos a diferentes *Mitzvot* que no se encuentran escritas literalmente en el Pentateuco, para resolver las dudas y diferencias que presentaba toda esta problemática. No puedo decir que lo comprendí todo por medio de una sola respuesta o algún ejemplo específico, pero sí hubo una explicación en particular que iluminó el camino para aclarar y responder esta gran

---

94 Como el famoso juego llamado "El telefonito", que tiene como objetivo que el mensaje inicial llegue hasta la última persona del círculo o fila pasando de boca en boca por los integrantes exactamente como salió en primera instancia.

95 Recuerdo que esta frase la utilicé tantas veces como un argumento en contra de la *Torá*... Inclusive 3 años después de haber escuchado "La Historia del Reloj".

interrogante, una explicación que incluye un ejemplo que ayuda a visualizar y asimilar en nuestros propios términos, la respuesta a esta delicada pregunta:

Cuando pensamos en personas como Moshé Rabenu o Yeoshua Bin Nun[96], pensamos en personas extremadamente inteligentes, correctas y capaces como lo fueron Albert Einstein y Leonardo Da Vinci. Lo que no consideramos es que al ser Profetas[97], tenían capacidades inmensas llegando a niveles sumamente altos, mucho más allá de lo que podemos imaginar... Estaban conectados directamente con Di-s.

Entonces cuando nos imaginamos cómo fue la transmisión de la *Torá* y pensamos que era una conversación entre dos personas muy sabias en donde uno le explicaba al otro, cometemos un grave error porque estamos colocando a los Profetas a nuestro nivel.

Teniendo eso en mente, vamos a tratar de visualizar cómo fue la transmisión "Di-s – Moshé – Profetas" utilizando una ventaja que no tenían nuestros antepasados que les facilitara el entendimiento y la creencia, que es la tecnología de última generación:

De igual manera que al realizar un respaldo de nuestra computadora en un disco duro externo, confiamos y sabemos que toda la información que está en la computadora se va a transferir al disco duro externo (sin una letra más ni una letra menos), similarmente fue la transmisión de la *Torá* "Di-s – Moshé – Profetas", por

---

96   Profeta que tomó el liderazgo del Pueblo Judío cuando Moshé falleció justo antes de entrar a la Tierra de Israel. Durante los 40 años que estuvieron en el desierto fue su alumno y aprendió toda la *Torá* de él.

97   Creer en los Profetas es uno de "Los 13 Principios de Fe" de Maimónides, que establece que todos los principios son requisitos para creer en la *Torá*.

cuarenta y dos generaciones hasta Rav Ashi[98], que fue el que escribió el Talmud.[99]

Como si esto no bastase[100], durante estas cuarenta y dos generaciones en que la *Torá* Oral fue transmitida de Profeta en Profeta (acto que podemos imaginar como si traspasáramos información de Pendrive a Pendrive), ya miles y miles de Judíos habían recibido toda la *Torá* y sus *Mitzvot* de sus padres, que estos a su vez habían recibido de sus padres, a los cuales ¡el mismo Moshé Rabenu había enseñado por cuarenta años! Y la importancia de esto es, si fuera el caso que alguno de estos Profetas pretendiera tan siquiera cambiar una letra de la *Torá*[101], le era imposible porque millones de Judíos y Sabios lo hubieran impedido[102].

Como dije anteriormente, para mí fue sumamente difícil entender y llegar a creer el tema de la transmisión oral. Me costó mucho más de lo que muchos puedan pensar. Incluso en este preciso momento en que me hallo escribiendo, se me hace difícil pensar que si alguien me hubiese dicho todo esto antes, lo creería. No es un tema fácil en el que se pueda cambiar de opinión en 5 minutos que toma leer esta explicación, menos las personas como yo, que no se conforman con algunas explicaciones y ejemplos sencillos.

Según cuenta la leyenda, se extrajo del diario de David Ben Gurión, que siendo primer ministro, viajó en 1954

---

98   Sabio Talmúdico que después de recibir de sus Maestros y estudiar con los Sabios contemporáneos con él, redactó el Talmud.

99   Para los 40 nombres véase Rabí Moshé Ben Maimón (Maimónides) *Mishné Torá Hashalem*, (Israel Editorial Chazak, 2010) pp. 83-84.

100   Que la seguridad que hay en cuanto a que la transmisión de la *Torá* es exacta y sin cambios.

101   Como vemos en las sinagogas durante la lectura de la *Torá* en *Shabat* que si el oficiante lee o pronuncia una letra mal, la congregación inmediatamente lo corrige.

102   Prueba de esto encontramos en el Talmud, en donde cada vez que un Sabio comenta algo hay mínimo un Sabio que lo cuestiona para corroborar y justificar su enseñanza.

a EE.UU. para reunirse con el presidente Eisenhower y solicitar apoyo en momentos difíciles para el joven Estado de Israel.

En uno de sus encuentros con el entonces secretario de Estado, John Fuster Dulles, éste lo encaró con un alto grado de soberbia: "Dígame, Primer Ministro, ¿a quién usted y su Estado representan realmente? ¿Acaso los Judíos de Polonia, Yemen, Rumania, Marruecos, Irak, la Unión Soviética o Brasil son una misma cosa? ¿Después de 2.000 años de diáspora es posible hablar de un solo Pueblo Judío, de una única cultura, tradición o costumbre Judía?"

Ben Gurión le respondió: "Mire Sr. Secretario. Hace 200 años atrás zarpó de Inglaterra el navío Mayflower que transportaba a los primeros colonos que se instalaron en lo que hoy es la gran potencia democrática de los Estados Unidos de América. Le ruego que salga a la calle y pregunte a diez niños norteamericanos lo siguiente: ¿Cuál era el nombre del capitán del barco?, ¿cuánto tiempo duró la travesía?, ¿qué comieron los tripulantes durante el viaje? y ¿cómo se comportó el mar durante el trayecto? Seguramente no recibirá respuestas puntuales".

"Ahora fíjese: hace ya más de 3.000 años que los Judíos salieron de Egipto. Le pido que en algunos de sus viajes por el mundo, trate de encontrarse con diez niños Judíos en diferentes países; pregúnteles ¿cómo se llamaba el capitán de dicha salida?, ¿cuánto tiempo duró la travesía?, ¿qué comieron durante el recorrido? y ¿cómo se comportó el mar? Cuando tenga las respuestas, y se sorprenda, trate de recordar y evaluar la pregunta que me acaba de formular".

¡Me entiende, Sr. Secretario!

Este mismo razonamiento es válido para la siguiente interrogante:

¿Por qué nadie duda si los *Tefilín* son cuadrados? ¿O por qué son negros y no rojos? ¿Por qué tienen cuerdas de cuero y no de tela?... Realmente, eso no aparece en la *Torá* Escrita…

Porque una vez que Moshé baja del Monte de Sinai, emprende la tarea de enseñarle toda la *Torá* al Pueblo de Israel. Esto quiere decir que los cuarenta años que merodearon por el desierto estaban estudiando *Torá* de Moshé directamente. ¡Eso es más de tres millones de Judíos[103] estudiando la misma *Torá* de la misma persona!, que después se la enseñaron a sus hijos de generación en generación hasta el día de hoy.

Entonces más de tres millones de Judíos estudiaron con Moshé cómo son los *Tefilín*, cuáles son sus características y cómo hay que ponerlos. ¿Y cuál es la gran novedad de esto? Que cuando los Judíos de Europa se encontraron con Judíos del Norte de África, después de cientos de años en el exilio, vieron que usaban los mismos *Tefilín*.

Estos temas toman tiempo para entenderlos, pero siendo sincero, honesto y dedicándole tiempo al estudio y a la reflexión, es que logré a apreciar (relativamente hablando) la grandeza de la *Torá* Oral sin tener duda alguna sobre su veracidad y carácter Divino.

> *Para reflexionar:*
>
> *No tenemos ni una sola duda de que Cristóbal Colón descubrió América y eso que nunca nos hemos dedicado a comprobar la veracidad de esto… Pero ¿por qué sí dudamos que Moshé haya sacado al Pueblo Judío de la esclavitud en Egipto? ¿o que Noaj construyó un arca y salvó la raza humana, que son de los eventos más famosos y relatados por toda la humanidad?*

---

103 Éxodo 12:37-38: [37] *"Partieron los hijos de Israel de* Ramsés *a* Sucot, *como seiscientos mil hombres de a pie, sin contar los niños.* [38]*También subió con ellos grande multitud de toda clase de gentes…"* De donde se aprende que en total, entre hombres, niños, ancianos y mujeres se encontraban más de 3 millones de Judíos.

¿Por qué hay que cumplir las 613 Mitzvot si realmente lo que hay que hacer es ser buena persona?

Entre todo lo que ocupaba mi pensamiento mientras buscaba entender cómo comportarme y relacionarme mejor con Di-s, me encontré con una pregunta particular: siendo Di-s tan grande y poderoso y a su vez bondadoso y misericordioso, seguramente no le importaban las cosas pequeñas o insignificantes, los detalles o particularidades, sino lo más probable era que Di-s se interesa únicamente en cosas importantes, elevadas y sublimes. Es por eso que me hice la pregunta: "¿Por qué debemos cumplir las 613 *Mitzvot* si realmente lo que hay que hacer es ser una buena persona? ¿Por qué tantos "rituales" y detalles de cómo hay que realizarlos? A Di-s Todopoderoso no le interesan esas nimiedades, sino que ayudes a los demás…".

Como pude notar, hay incontables contestaciones y explicaciones a esta pregunta: empezando por la sencilla razón que explica que todas las *Mitzvot* son un mandato directo de Di-s. Incluso en el cumplimiento de éstas, Su palabra, es un regalo y una ventaja que Él nos dispendió para que podamos acercarnos y conectarnos por medio de experiencias físicas y mundanas y no sólo a través de actos espirituales.

Aun así, entendí mejor este asunto a través del siguiente ejemplo:

Una persona va al doctor porque tiene una picazón muy fuerte en la cabeza. El doctor realiza una serie de exámenes para determinar la causa de ésta. El diagnóstico es que el paciente sufre de una enfermedad llamada "XYZ", pero no hay problema alguno, el doctor conoce la cura.

— No se preocupe Sr. Almoni —dice el doctor con una sonrisa— tengo la cura para su problema. Lo único que usted tiene que hacer es seguir el tratamiento que le voy a mandar. Si lo hace, en poco tiempo se sentirá increíblemente bien.

– Gracias doctor —dijo el Sr. Almoni tras un largo suspiro— la verdad es que estaba preocupado.

– Tranquilícese… Usted tendrá que seguir las siguientes instrucciones:

1. Tiene que tomar esta pastilla cada seis horas. La primera pastilla la va a tomar durante el desayuno.

2. Cuando se bañe, tiene que ponerse este shampoo dejándolo 30 min en su cabello sin enjuagar.

3. Antes de dormir, se va a colocar esta crema, y unas compresas de manzanilla en la zona más afectada.

4. Además de esto, no puede ir a la playa ni tomar alcohol por un mes.

– ¡Gracias doctor! —responde el Sr. Almoni— Suena convincente el diagnóstico y el tratamiento me parece excelente, tiene razón en todo lo que dice, pero la pastilla no me la voy a tomar en el desayuno sino a media mañana y no creo que sea necesario dejar el shampoo 30 minutos en el cabello sino más bien 10 minutos, 30 minutos es una exageración... Lo de la crema sí me parece lógico pero las compresas de manzanilla no hacen falta… Y entiendo que ir a la playa puede perjudicarme por el sol, pero, ¿qué tiene de malo tomar alcohol? ¿Puede explicarme cómo el alcohol hace un efecto negativo en el cuerpo?

De ninguna manera una persona normal y con cierto sentido común va a asumir esta postura y cuestionar al doctor, sino que seguirá al pie de la letra el tratamiento recetado. ¿Por qué aceptamos las instrucciones del referido doctor y no lo cuestionamos buscando entender lo que nos recomienda? La respuesta es porque sabemos que el doctor dedicó su vida a la medicina y domina la materia y como comprendemos y aceptamos que él es el experto y nosotros no (permitiéndonos depositar la confianza en él) ninguno va a decirle qué es lo que hay que hacer y cómo se debería tratar una enfermedad, y aunque otros médicos con la misma especialidad pudieran corroborar o discernir con este tratamiento, finalmente vamos a estar confiando en uno de los doctores.

Y si a un doctor que sabe mucho en su especialidad nadie "con dos dedos de frente" lo va a cuestionar y a contradecir…. A Di-s Todopoderoso, Creador del Universo y sus Leyes, del comportamiento y características de la materia, que nos diseñó y programó… ¿Sí le vamos a corregir y decir qué es lo que hay que cumplir y qué es lo que no? ¿Cómo es que se deben hacer las cosas y cada cuánto? ¿Qué es importante y qué no?... ¿Somos capaces de cuestionar sus instrucciones?...

Después de reflexionar en varias oportunidades acerca de este ejemplo, no podía creer que estuviese dispuesto a aceptar lo que estipula un doctor sin siquiera preguntarle las razones de su instrucción y, similarmente, cuando se trataba de un mandato o recomendación de Di-s buscaba explicaciones, que la mayoría de las veces, no cumplía hasta encontrarlas. Pero si Di-s ordena o establece un precepto o ley ¿no será que es porque esto hace bien a nuestro cuerpo, nuestra alma y nuestras vidas?[104]

No puedo decir que empecé a cumplir con las *Mitzvot* al pie de la letra, bien sea porque no estaba preparado o incluso por no querer cambiar mi manera de vivir y abandonar algunos placeres, pero lo que sí hice fue aceptar que una sabiduría mayor a la mía está en lo correcto ¿Es que acaso es tan difícil aceptar que Di-s conoce mejor el mundo y Su lógica está por encima de la nuestra? ¿No será que mi ego[105] es lo que impide aceptar que hay una Sabiduría Superior?

---

104 Cumplir una *Mitzvá* es automáticamente una "inyección" de santidad al cuerpo: si un doctor le pone una vacuna a una persona, el hecho de que no entienda o no crea cómo cura este medicamento, no impide que haga efecto.

105 Esa necesidad de imponer mis ideas y mi manera de ver las cosas porque era lo que consideraba correcto, donde podía aceptar el hecho de agregar a mi

Tras un tiempo, entendí que aceptar que hay una Inteligencia Superior a la nuestra, que nos encomendó a seguir una serie de leyes de comportamiento y nos enseñó la mejor manera de vivir, no quería decir que tenía que cumplir con todas ellas y abandonar y dejar a un lado mi vida de un día para otro. Podía empezar a cumplir poco a poco, sin hacer cambios bruscos y repentinos, estudiando, aprendiendo y compartiendo con mis seres queridos, dando pasos seguros, pensados y orientados, construyendo bases sólidas y un entendimiento claro y seguro de este camino que había decidido tomar.

Según todo esto me quedó más clara la respuesta a la pregunta inicial "¿Por qué hay que hacer las 613 *Mitzvot* si en verdad lo que hay que hacer es ser buena persona?" Y lo que pude concluir es que hay que cumplir, tanto con las 613 *Mitzvot*, como también ser buena persona, ayudar al prójimo[106], estar en familia y ser honesto. Ése es el camino correcto.[107]

Lo importante es que me di cuenta y entendí que una *Mitzvá* no quita la otra: en ningún lugar está escrito "Ponte *Tefilín* y no ayudes al compañero", "Cumple con el *Kashrut* y puedes engañar a otros"[108], "Cuida *Shabat* y habla mal de los demás" ¡Se puede ser buena persona y también cumplir las 613 *Mitzvot*![109]

---

conocimiento, mas quitar o dejar a un lado una concepción o fundamento propio era prácticamente imposible.

106 Cuando Rabí Akiba leyó en la *Torá* "Amarás a tu prójimo como a ti mismo" dijo "Este es un gran principio de la *Torá*". (*Talmud Yerushalmi, Nedarim 9:4*).

107 Todas estas acciones que llamamos "buenas acciones"… ¿De dónde salieron? ¡De la *Torá* misma!

108 Muchas veces utilizaba como argumento en contra de la *Torá* la siguiente frase: "Yo conozco muchos religiosos que creen que son mejores Judíos que yo porque son *Kasher*, pero que son unos ladrones que hacen negocios sucios". (Véase la nota siguiente para la respuesta).

109 Lamentablemente existen Judíos que "cumplen" con la *Torá* y *Mitzvot* pero su comportamiento deja mucho que desear. Cabe señalar que el Judío y el Judaísmo no son lo mismo y que no se debe juzgar a Di-s o a la *Torá* por lo que individuos, inclusive si se autodenominan creyentes, hagan o dejen de hacer.

La comunidad de un pueblo en Rusia contrató a un nuevo Rabino cuando el último falleció.

El joven Rabino llegó contento y con muchos ánimos de comenzar esta nueva etapa. Para el viernes por la noche, preparó un discurso muy interesante sobre el *Kashrut*.

- ¡Rabino excelente discurso! —Le dijo el presidente de la comunidad— Pero en este pueblo nadie es *Kasher*... Así que sería mejor que la próxima vez hablara de algo más...

El joven Rabino quedó sorprendido, pero no perdió los ánimos y para el próximo viernes escribió un bello y espectacular discurso sobre cuidar el *Shabat*.

- Rabino muy emotivo y profundo su discurso —dijo el presidente— pero esta comunidad no es *Shomer Shabat*... Mejor la próxima vez hable de un tema diferente...

El Rabino asombrado por esta solicitud, comenzó a preparar el discurso del próximo viernes muy temprano esa semana. Esta vez iba a hablar de la pureza familiar.

- Rabino —dijo el presidente— si no somos ni *Kasher* ni *Shomer Shabat*... ¿Cree que alguien respeta algo de la pureza familiar?
- No puedo hablar ni de *Kashrut*, ni de *Shabat*, ni de pureza familiar... ¿De qué quiere que hable entonces?
- Bueno quizá pudiera hablar un poco más de lo que es el Judaísmo, sus principios, sus valores...

Para reflexionar:

En la misma Torá en la que está escrito que hay que ayudar a los demás, respetar a tu padre y tu madre y hacer negocios justos, también está escrito que hay que ser Shomer Shabat, respetar el Kashrut, estudiar Torá y cumplir con todas las Mitzvot.

Yo quería cumplir con lo que Di-s dice, no con lo que unos Rabinos establecieron

Conocer cómo había sido la entrega de la *Torá* y su difusión por generaciones y entender la importancia de la parte oral no evitaba que siguiera teniendo dudas y preguntas. Sobre todo con los aspectos que involucraban una intervención Rabínica: mi percepción de lo que era *Torá* Oral había cambiado, pero todavía habían muchos conceptos que no me resultaban lógicos, que no entendía ni comprendía[110]. Tampoco entendía por qué si la *Torá* fue dictada por Di-s a Moshé, posteriormente los Rabinos establecieron leyes y prohibiciones que no aparecen[111] originalmente en la *Torá*. ¿Por qué tenía que cumplir con todas estas "nuevas" leyes? Yo quería cumplir con lo que Di-s dice, no con lo que unos Rabinos establecieron.

Este cuestionamiento duró un tiempo… Unos años "nada más". Fue por medio de mi indagación en muchos libros de los decretos y *Takanot*[112] que los Rabinos establecieron y de discusiones que surgieron por un fuerte cuestionamiento a todas estas leyes que parecían ser inventadas por los Sabios, que pude apreciar la sabiduría que hay detrás de estos cercos, su lógica y sus razones, y entender cuál es la importancia y la necesidad que vieron nuestros Maestros para tener que hacer estos decretos y *Takanot*.

Como no puedo escribir todo lo que discutí y cada una de las leyes y prohibiciones que debatí a fondo para dar respuesta a este tema, transcribiré un grandioso ejemplo que me ayudó a entender todo esto un poco mejor:

---

110 Después de un tiempo comprendí que el hecho de no entender algo no hace que sea ilógico o falso.

111 Pensaba que no aparecían.

112 Cercos o prevenciones. Fuente de la *Torá*: "*Cuidarán Mis restricciones a fin de no hacer ninguna de estas prácticas abominables…*" (Levítico 18:30); Véase Tratado Talmúdico *Yebamot* (21a.)

Una persona encuentra una hoja en la que hay un texto escrito en "Lenguaje C"[113]. Esta persona no se dedica a la programación, por lo que no la comprende. Son puras letras y símbolos que no tienen ningún tipo de lógica o sentido. Por lo tanto, no puede extraer ni aprender nada de este texto. ¡No puede ni tratar de explicarlo!

¿Qué necesita para poder entender el mensaje que quiere transmitir esta hoja? Necesita de un programador, ya que éste dedicó su vida a entender este lenguaje para poder explicarlo y aplicarlo.

Igual sucede con las Escrituras Sagradas: son necesarios nuestros Sabios que dedicaron su vida al estudio y entendimiento de la *Torá*. Ciertamente, la *Torá* es un texto que tiene su propio lenguaje y no está escrito de una manera simple[114], por lo que requiere un método muy particular para interpretarla[115]. Además, quien quiera darle explicación o extraer información de lo que está escrito, tiene que tener un amplio conocimiento de toda la tradición oral (que contiene una enorme cantidad de información que hace referencia al Pentateuco como se explicó anteriormente). Por lo tanto, sin los Sabios que interpreten y expliquen la *Torá*, ésta sería solamente un libro de relatos, en el que la mayor parte de lo que está escrito no se entiende.

Pero de todas maneras, incluso ya habiendo aceptado y creyendo necesaria la interpretación de nuestros Sabios para entender lo que está escrito en la *Torá*, seguía preguntándome por qué los Sabios decretaron leyes que no están escritas en los Textos Sagrados.

Como este es un tema que requiere de mucho estudio y que un experto en la materia lo explique, no se puede resolver con unas pocas palabras, pero estos pocos ejemplos que me dio un gran amigo mientras discutíamos este asunto, me fueron sumamente útiles para empezar a entender todo este tema. Éste es uno de ellos:

---

113 Lenguaje especial utilizado para programar en computadoras.
114 Existen cuatro niveles de entendimiento: 1) *Pshat* (Sentido simple), 2) *Rémez* (Alusiones), 3) *Drush* (Metáforas) y 4) *Sod* (Parte oculta).
115 La *Torá* se interpreta mediante las 13 reglas que recibió Moshé de Di-s *(Sifrá)*.

Imagina que tienes una finca. En ella tienes sembradíos, animales, canchas de deportes y una piscina. Pero también tienes un pozo de agua de 50 metros de profundidad en todo el centro de la finca. Ahora yo te hago una pregunta… Cuando lleves a tus hijos a la finca y los dejes jugar y correr, ¿dejarías que se acerquen al pozo? ¿No les prohibirías jugar cerca de él? Es más, ¿te arriesgarías a dejarlos jugar cerca del pozo sólo habiéndoles advertido el peligro que involucra, o te preocuparías por su seguridad haciéndole un cerco al pozo para que nadie caiga dentro de él? Y, por último… El cerco, ¿lo harías en el mismo perímetro del pozo o unos cuantos metros más alejado por precaución?

Al igual que el padre se preocupa por la seguridad y vida de sus hijos, nuestros Sabios se preocuparon por el bienestar[116] del Pueblo Judío e hicieron estos cercos para evitar "que caigamos en el pozo"[117], del mismo modo que el padre construye el cerco al pozo en su finca.

El ejemplo tenía lógica, pero igual pensaba que muchos de los cercos que establecieron no los necesitaba[118] o pensaba que eran para otras épocas y hoy en día no eran necesarios. Cuando le comenté esto al mismo amigo en otra oportunidad, me dio otro ejemplo:

Un señor está manejando a las 11 de la noche para ir a su casa. En el camino se para en el semáforo porque está en rojo. El señor, que estaba muy apurado por llegar a su casa, ve a ambos lados y al no ver carros aproximándose, decide cruzar la calle a pesar de que está en rojo el semáforo.

---

116 Tal como he ido explicando a lo largo del libro, el bienestar de todo Judío depende del cumplimiento de *Torá* y *Mitzvot*.

117 Transgrediendo las *Mitzvot*.

118 Siempre decía: "Hoy en día la carne y el pollo se pueden diferenciar perfectamente. Eso era antes que no se sabía muy bien la diferencia, por lo que los sabios tuvieron que establecer ese cerco. Pero hoy en día no es así. Yo puedo diferenciar perfectamente entre el pollo y la carne sin equivocación alguna… ¿Por qué no puedo comer pollo con leche si lo que está escrito es carne?"

Para su mala suerte, una patrulla de policía se percata de este delito y lo detiene una cuadra más adelante.

- Oficial, le prometo que vi para ambos lados y no venía ningún carro. No me multe por favor. —Rogó el señor

- ¿Cómo no lo voy a multar si usted cometió un delito? —Preguntó el oficial muy en serio.

- Pero oficial… Vi a los lados y no venía nadie. No iba a pasar nada malo…

- Las leyes se hicieron para todos por igual. No hay excepciones a la regla. Imagínese si fueran para cada uno de nosotros en particular… ¡Sería un desastre!

Mi amigo prosiguió con la siguiente reflexión:

Imagina un país en el que las leyes serían opcionales para sus ciudadanos. En el que la ley estuviera en las manos de cada uno de ellos. No tuviesen sentido ni uso las leyes si cada uno pudiera decidir cuándo aplicarlas y cuándo no[119].

Me empecé a dar cuenta y a entender que el motivo y objetivo de nuestros Sabios es cuidarnos de que no nos coloquemos en una situación en la que podamos incumplir la *Torá*. Esa era la razón de ser de los cercos, no un capricho, ni ganas de hacernos la vida más difícil[120].

También aprendí que otra razón del por qué nuestros Sabios establecieron cercos, es porque conocían las debilidades del ser humano[121] y lo fácil que es dejarse llevar por el instinto animal y deseos materialistas que toda persona tiene. Este ejemplo ilustra esta idea:

---

119 Muchos de nosotros ya vivimos en un país así y mira como estamos.

120 Un Rabino me preguntó una vez irónicamente: "¿Qué crees que nuestros Sabios se sentaban a pensar en cómo hacernos la vida más difícil?".

121 Nuestros Sabios le prohibieron a la persona que hacía la promesa de ser *Nazir* –por lo cual se tenía que abstener del vino, cortar el pelo y aproximarse a cuerpos sin alma– inclusive acercarse a un viñedo para que el *Nazir*, por la tentación que sufriría, no se viera tentado a transgredir su voto. (Tratado Talmúdico *Nazir*).

Tienes un amigo que sufre problemas de adicción al alcohol y quiere dejar de tomar y te pide que lo ayudes… Cualquiera le recomendaría que se aleje por completo de la bebida, ni siquiera entrar a un bar, por la gran probabilidad que le entre el deseo de tomar con tanta tentación y facilidad que hay en un bar. Y aunque él diga que se va a cuidar y va a ser fuerte y que te pida que por favor lo dejes ir, de ninguna manera lo dejarías, porque sabes que lo mejor para él es evitar estos lugares.

Análogamente lo que haría uno con su amigo de mantenerlo apartado de bares, es el mismo concepto en el que se basa la colocación de los cercos.

Por último, quiero dar un ejemplo más que resalta otra idea y razón para los cercos:

Una joven pareja de recién casados se mudó a una pequeña y humilde casa. No tenían mucho. Además de unas vajillas y un par de prendas de vestir poseían $100. El marido no se molestó en guardar y proteger su "riqueza" por lo que los guardó en una gaveta sin seguro. Total, qué tanto podía perder…

Su primo, también recién casado, se mudó con su esposa a la casa de enfrente. Éste, por el contrario, tenía $100.000 en su poder. Él sí se preocupó por proteger su riqueza, por lo que utilizó una parte para comprar una caja fuerte para guardar el resto. Además, colocó una puerta con una cerradura a prueba de intrusos en la entrada de la casa y colocó por fuera de ella una reja. Para no estar preocupado por su dinero cuando fuera al trabajo, contrató a una persona para que vigilara la casa mientras él no estaba.

¿Cuál es el mensaje de esta historia? Que cuando tenemos algo de mucho valor, algo muy preciado para nosotros, procuramos protegerlo de la mejor manera posible… ¡Y la *Torá* es un tesoro que nos dio Di-s! Por ello nuestros Sabios se preocuparon en cuidarla.

La idea estaba completa: expertos que interpreten y expliquen, cercos para que no "caigamos" en las prohibiciones, que son para todos por igual y se aplican en todo momento, hacen una barrera a nuestros deseos y tentaciones, resguardan cosas preciadas… Sólo faltaba la fuente[122] en la *Torá* Escrita para que estos cercos tuviesen validez:

> "Deberás hacer conforme a la palabra que ellos te declaren, desde el lugar que el Eterno haya escogido, y serás cuidadoso en hacer conforme a todo lo que ellos (los Sabios) instruyan." (Deuteronomio 17:10)

> "… No te apartarás de la palabra que ellos declaren ni a la derecha ni a la izquierda." (Deuteronomio 17:11)

También en el *Pirkei Avot* (libro de ética Judía) encontramos una fuente para el establecimiento de los cercos:

> "Moshé recibió la Torá en Sinaí. La transmitió a Yehoshua, Yehoshua a los Ancianos, los Ancianos a los Profetas y los Profetas la transmitieron a los Hombres de la Gran Asamblea. Ellos dijeron estas tres cosas: 1) deliberar antes de entregar un veredicto, 2) tener muchos estudiantes y 3) hacer un cerco para la Torá." (*Pirkei Avot* 1:1)

Para reflexionar:

¿Qué tan fuera de la lógica está el hecho de querer proteger algo que tiene mucho valor poniendo ciertas restricciones como lo es la Torá? ¿No lo hacemos nosotros mismos con nuestros seres queridos y nuestros negocios?

---

122 Rindiéndole honor a la pregunta "¿Dónde está escrito eso?"

¿Quiénes son ellos para decirme a mí
qué es lo que tengo que hacer?

Pensándolo bien, no era tan difícil aceptar el que se requiriera de expertos para interpretar y explicar todos y cada uno de los mensajes, enseñanzas y *Mitzvot* que se hallan en Las Escrituras, porque de igual manera, todas las áreas y materias de las ciencias y del entendimiento humano requieren de expertos para desarrollarlas y enseñarlas[123]. Pero la realidad era que no sabía nada de estos Sabios, por lo que seguía teniendo una especie de rechazo a ellos y sus decretos: siempre los había imaginado como unos ancianos que estaban aislados de la sociedad por lo que opinaban e interpretaban bajo una lógica y perspectiva muy subjetiva[124], y por esto pensaba que no tenía por qué respetar lo que ellos habían establecido… "¿Quiénes son ellos para decirme a mi qué es lo que tengo que hacer?"

Cuando le comenté esto a un amigo que se dedica a estudiar *Torá*, me contó una historia de uno de los grandes Sabios de nuestro pueblo para que así pudiera apreciar un poco el nivel de los que se dedicaron a interpretar y explicar la *Torá*:

El tiempo le había llegado, pero el Ángel de la muerte no conseguía acercársele a Rabbi Chiya[125] porque su boca nunca cesaba de pronunciar palabras de *Torá*. Un día el

---

123 Existen muchos libros de medicina, ¿esto significa que si alguien se leyera todos estos libros por su cuenta se convierte en doctor? Por supuesto que no. Es necesario que un experto, es decir, alguien que se dedica a la materia, le explique y transmita sus conocimientos de medicina.

124 Cuentan que el Alter Rebbe mientras escribía el Tania reflexionó durante un buen número de semanas si escribir que los Siete Pastores proveen "vitalidad Divina" o proveen "vitalidad y Divinidad". Aunque esto puede parecer un ejemplo simple, realmente demuestra lo importante que era para nuestros Sabios transmitir única y exclusivamente la verdad.

125 Sabio de la época del Talmud.

Ángel se disfrazó de mendigo y fue y tocó la puerta de Rabbi Chiya y preguntó:

— ¿Me pueden dar un poco de pan?

Tras haberle conseguido un pedazo para que coma algo, éste volvió a preguntar retóricamente:

— ¿Acaso el Maestro no tiene misericordia del pobre…? ¡Seguro que sí! ¿Entonces por qué el Maestro no tiene misericordia de ése individuo (refiriéndose a su roll como Ángel de la muerte) que solamente vino a cumplir con una orden celestial…?

Tras esto se reveló a Rabbi Chiya el que entregó su vida inmediatamente.

De esta extraordinaria historia se puede percibir la entrega de nuestros Sabios al estudio de la *Torá* y también la compasión que tenían, inclusive, al mismísimo Ángel de la muerte (¿cuánto más por un ser humano?)

Mi Rabino me dio otro ejemplo donde se percibe los elevados niveles de grandeza que alcanzaban nuestros Sabios y en donde también resalta la importancia y deseo que tenían de encontrar la verdad sin buscar reconocimiento u honor propio:

Shimon Ha'Amsoni[126] fue un gran Sabio que decía que en cada lugar que aparecía la palabra "את"[127] en las Escrituras se podía aprender algo más de lo que simplemente dice el versículo.

En el versículo: "Honra a tu padre y a tu madre…"[128], enseñó que también era necesario honrar al hermano mayor. En el versículo: "En el principio del crear de los cielos y la tierra"[129] enseñó que el versículo se refiere a que

---

126 Sabio de la época del *Talmud.*
127 La traducción de "את" es: "y", "a", "los", "la", "al", entre otras.
128 Éxodo 20:12
129 Génesis 1:1

se creó todo lo que está en los cielos y todo lo que está en la tierra y no únicamente el cielo y la tierra. De esta manera continuó con otro versículo en donde se encontraba la palabra "את". A esto dedicó su vida...

Tras años aplicados a esta tarea, se topó con el versículo: "Al Eterno, tu Di-s, temerás"[130]. Shimon Ha'Amsoni no sabía qué se podía aprender de la palabra "את" en este versículo: "¿A quién, además del Eterno, se puede temer?"

Sin hallar respuesta a esta complicación, dio por terminado su trabajo. Y no sólo eso, también dijo que ninguna de sus otras enseñanzas de la palabra "את" eran válidas. Pero, ¿por qué no dejó establecidas las anteriores y dejaba este versículo como una excepción? Porque lo que él buscaba era la verdad y su premisa era que en todos los lugares donde se encontrara la palabra "את" se podía aprender algo. Así que si en algún caso no se podía aprender algo, aunque fuese uno solo, su teoría era falsa, por lo que estuvo dispuesto a borrar el legado de toda su vida en honor a la verdad.

Cuando Rabí Akiba vio lo que este Sabio estuvo dispuesto a hacer dijo: "Si una persona que dedicó su vida entera al estudio de algún asunto es capaz de desechar todo en aras de la verdad... Si existe una persona que su temor al cielo es tan alto que puede desechar el trabajo de toda su vida... Esta es una persona digna de respetar y temer." Así fue como Rabí Akiba extrajo que la enseñanza de la palabra "את" de ese versículo es que también hay que temer a los Sabios.[131]

---

130   Deuteronomio 6:13
131   Tratado Talmúdico *Bava Kamma* (41b).

Después el Rabino me hizo la siguiente pregunta para reflexionar: "Si un científico en el día que le van a otorgar el Premio Nobel descubre que su hallazgo tiene un error… ¿Es capaz de rechazar el premio y explicar lo sucedido en aras de la verdad?...

> *Para reflexionar:*
>
> *¿Te has preguntado qué hacían en sus tiempos "libres" los Sabios que en todo momento tenían noción de la existencia de Di-s?*

¿Por qué tantos detalles
a la hora de hacer una Mitzvá?

Aun ya observando y siendo creyente de gran parte de la *Torá*, consideraba que todos estos detalles y especificaciones que dicen los libros y los Rabinos que hay que cumplir para hacer una *Mitzvá* era una exageración que llevaba a los extremos y "todos los extremos son malos". Pensaba que no mezclar carne con leche podía estar bien[132], pero que tener dos vajillas para cada elemento era una exageración; que no trabajar en *Shabat* era correcto, pero no montar carro es una condición extrema a la que no hacía falta llegar; lavarse las manos al despertar tenía sentido, pero tener que agarrar un recipiente para lavar de manera intercalada 3 veces cada mano parecía un ritual[133]; rezar es algo muy elevado, pero, ¿por qué había que rezar 3 veces al día si una es suficiente?[134]. Según mi opinión, esto no hacía falta para ser un buen Judío y cumplir con la Voluntad de Di-s, porque para mí la esencia de una *Mitzvá* no radicaba en los detalles. De hecho había veces que me parecían rituales que sólo fanáticos podían practicar. Además, sostenía que a Di-s no le interesaban todas estas cosas pequeñas e insignificantes, si no que hagas las *Mitzvot* con sentimiento y corazón.

Un día, un señor que estaba empezando a ir a la sinagoga diariamente, le habló al Rabino sobre una interrogante muy similar a la que yo tenía. El Rabino, que estaba acostumbrado a esta pregunta que tienen muchos, respondió con una historia que a mí me ayudó a

---

132 Pensaba que era razonable no comer la leche de la madre con la carne del cabrito.

133 Sostenía que "es más limpio lavarse con jabón".

134 Véase capítulo "¡Ok! Sí creo en Di-s pero… ¿Por qué tengo que ir todo el día a la sinagoga a rezar?" (Pág. 35).

entender la importancia que tiene cada detalle de una *Mitzvá*, así como a valorar cualquier aspecto de la vida por más pequeño que parezca:

Una mujer no entendía por qué la *Torá* era tan detallista con las *Mitzvot*. Inclusive, le parecía a veces una exageración lo que los Judíos observantes se sometían a hacer[135]. Ella creía en Di-s, respetaba la *Torá* y practicaba las tradiciones de su familia con inmenso placer, pero ciertas cosas no podía entender, porque pensaba que era una especie de fanatismo y sostenía que Di-s en realidad no quería esos extremismos.

Por varias semanas le escribió e-mails al Rabino de su ciudad pidiendo que le diera explicaciones de todos estos detalles. También incluyó ciertos casos particulares preguntando la necesidad de hacer éstos y la fuente de donde se obtienen estos supuestos "extremos".

Un mes después del primer e-mail escrito, la señora se encontró al Rabino en la calle:

— ¿Cómo usted permite que lo llamen "Rabino" si lo que usted es un sin vergüenza? –Exclamó la señora, evidentemente con mucha rabia.

— Señora tranquilícese, ¿por qué está tan molesta? ¿Qué pasó? —Preguntó el Rabino desconcertado.

— "Pasó" que llevo un mes escribiéndole preguntas y objeciones y usted no tiene ni la más mínima educación de responderme tan siquiera uno… ¿O acaso es que no tiene respuesta a mis preguntas? —Dijo mientras trataba de contenerse la ira.

— ¡Cómo que no señora si le he devuelto todos los e-mails! —Exclamó el Rabino— Contesté cada una

---

135 Mientras el Rabino contaba la historia me preguntaba si había leído mi mente antes de empezar.

de sus dudas y le expliqué por qué era necesario tener todas estas leyes que usted llama "extremismos".

— ¿Usted se está burlando de mí? —Preguntó la señora que pensó que no la estaban tomando en serio— No me ha llegado nada suyo.

— ¡No puede ser! —Dijo el Rabino sorprendido— Le he contestado todos… ¡Mire!

El Rabino sacó su celular, donde efectivamente se encontraban los e-mails enviados como respuesta.

— No entiendo qué pasó —Comentó el Rabino mientras buscaba en el celular qué podía haber pasado— Este es su e-mail, ¿correcto? —Preguntó señalando el celular.

— Sí —contestó ella— Pero veo que se le olvidó poner el punto[136].

El Rabino, con una sonrisa en la cara, exclamó[137]:

— ¡Ohhh! Aquí tiene su respuesta señora. ¡Mire lo que un insignificante punto ocasionó! Por algo tan pequeño como un punto, todo un e-mail lleno de información y contenido no se envió. A raíz de esto usted creyó que yo era un maleducado y hacía mal mi trabajo… Y, probablemente, concluyó ideas erróneas sobre la *Torá* y los que la practican, pensando que tenía razón en que los detalles de las *Mitzvot* son innecesarios[138]…

---

136 Del ".com".

137 Cuando escuché esta historia me pregunté: "¿Será que el Rabino se "olvidó" poner el punto a propósito para demostrarle a la señora la importancia de los detalles?"

138 Un camionero se encontraba manejando en una carretera vieja cuando se apaga el camión. Preocupado, se baja y abre el capó para ver cuál podía ser el problema. Todo parecía en perfecto orden. No sabía qué podía estar pasando. En medio de la desesperación, recorre el sitio mientras piensa qué hacer, cuando encuentra en el piso un pequeño tornillo roto. Por su larga trayectoria en el mundo de los camiones, reconoce que el tornillo es el que sujeta una de las piezas del motor. El camionero, con el tornillo roto en la

¿Y todo por qué? Por un "simple" e "insignificante" punto[139].

¡Qué ejemplo tan contundente! Prácticamente era la respuesta a mis preguntas. Ahí estaba, un ejemplo de mi vida común y corriente, una situación que me ocurría todos los días al mandar un e-mail, que, del olvidar un punto o cualquier otro carácter, éste no se enviaba. ¿No podía ser también que para que una *Mitzvá* se "envíe" a Di-s, haga falta los "mínimos" detalles que se establecen en la ley?

Cuenta una antigua leyenda que cuando Di-s creó a la paloma, la creó sin alas. Así fue, que la paloma en su primer día se encontró teniendo que escapar de todos los depredadores que la perseguían. Primero fueron los gatos, cuando creyó estar a salvo de ellos, comenzaron los perros y luego otro tipo de fieras.

Por fin, cansada ya de escapar, se dirigió a Di-s:

— Rey del universo. Tú creación es fantástica y hermosa, pero ya no puedo más. Todo el día me persiguen y debo escapar para salvar mi vida, casi ni puedo asegurarme alimento…

Entonces Di-s le creó a la paloma un par de alas.

Así, la paloma se fue de delante de Di-s y regresó a su vida diaria. Al otro día, nuevamente se presentó delante de Di-s y le dijo:

— Señor mío. Hasta ayer me era muy difícil mantenerme con vida y escapar de mis depredadores, pero hoy ya

---

mano, pensó: "Tengo un camión último modelo y estoy accidentado por un tornillo que no cuesta más de 1$... Un "simple" e "insignificante" tornillo".

139 Si en el versículo "אחד 'שמע ישראל ה' אלקינו ה" (*Escucha Israel, Hashem es nuestro Di-s, Hashem es Uno*") se le agregara un "insignificante" punto en la parte de arriba de la letra "ד" de la palabra "אחד" (Uno) se formaría la palabra "אחר" (otro) cambiando por completo el propósito del versículo, y en vez de proclamar que *Hashem* es Uno y Único, estaríamos diciendo que *Hashem*, nuestro Di-s, es otro (Di-s nos libre).

me es imposible: debo correr y saltar todo el día, y además llevar esta pesada carga sobre mis hombros.

A lo que Di-s le respondió:

— Pequeña y querida mía. Esas alas que te di no son para cargarlas, son para extenderlas y elevarte para alcanzar las alturas sublimes.

Y así fue como Di-s le enseñó a volar.

Esta bella leyenda[140] es una parábola a como yo veía la realidad del Pueblo Judío: pensaba que las *Mitzvot*, las leyes, los detalles e incluso algunos aspectos de las festividades eran como una carga, algo pesado y fastidioso, como un impedimento para ser feliz, pero el hecho verdadero es que, justamente los detalles, son el embellecimiento de las *Mitzvot* y cada uno de ellos tiene su importancia y su razón[141]. Pero lo más importante es que ahora sé que Di-s nos entregó la *Torá* para que seamos mejores personas, tengamos vidas más disciplinadas, controladas, productivas y virtuosas, elevándonos a una vida llena de significado y felicidad[142].

Un hombre fue una vez a visitar a un gran Sabio, el Jafetz Jaim. Cuando llegó, preguntó dónde encontrarlo

---

140 Adaptada de R. Isaac Sakkal, *Relatos para reflexionar* (Israel, Ediciones Etz Hajaim, 2010), 97-98

141 Tenemos tantas áreas y situaciones en nuestras vidas donde los detalles son sumamente importantes… ¿Por qué no cuestionamos esos detalles y los de la *Torá* sí? Estos son unos pocos ejemplos que ayudan a ver la importancia de los detalles:
1) Una clave de 8 caracteres de largo no es válida hasta ingresar cada uno de ellos… ¿Por no poner un solo carácter no va a servir la clave?
2) Un signo de puntuación puede cambiar totalmente el significado de una oración… ¿Cuántos mal entendidos no ocurren por tan solo un signo?
3) Un cirujano puede quitarle la vida a una persona si corta unos milímetros al lado del lugar indicado… ¿Por tan sólo unos milímetros alguien puede morir?
4) Una palabra o gesto de amor puede cambiar la relación entre dos personas… ¿Años de compartir juntos pueden ser afectados por una palabra?

142 Véase capítulo "¿Por qué no todos sentían lo mismo que yo?" (Pág. 43).

y le mostraron una choza en ruinas en las afueras de la ciudad. Adentro, no había más que una cama destartalada y una mesa cubierta de libros, donde un anciano estaba estudiando. El viajero estaba asombrado:

— ¿Dónde vive el Sabio? —preguntó.

— Te refieres a mí —dijo el Jafetz Jaim— ¿Qué te está perturbando tanto?

— Es que no entiendo. Es usted un gran Sabio, con muchos discípulos. Su nombre es conocido en todo el país. No parece adecuado que usted viva en un cuarto como éste. Debería estar viviendo en un palacio —dijo el viajero confundido.

— ¿Y dónde vives tú? —preguntó el Jafetz Jaim.

— Vivo en una mansión, una casa espléndida, con hermosos muebles. —Contestó orgulloso.

— ¿Y cómo te ganas la vida? —Volvió a preguntar.

El hombre explicó que se dedicaba a los negocios, y viajaba dos veces por año a una gran ciudad a comprar materiales que luego vendía a comerciantes locales. El Sabio escuchó atentamente y le preguntó dónde se alojaba cuando estaba en esa ciudad.

— Me alojo en un pequeño cuarto en una pequeña posada —fue su respuesta.

— Si alguien entrara en ese pequeño cuarto, ¿no podría decir: "¿Cómo es que un rico empresario como tú está viviendo en un cuarto así?" Y tú le responderías: "Sólo estoy de viaje por breve tiempo, así que esto es todo lo que necesito. Ven a mi verdadera casa, y verás que es totalmente diferente"... Pues bien, amigo mío, lo mismo sucede aquí —siguió el Jafetz Jaim— Yo también estoy de viaje. Este mundo material es sólo un viaje. Mi casa también es diferente. Ven a mi casa espiritual y verás que en realidad vivo en un palacio.[143]

> *Para reflexionar:*
>
> *¿Dónde se encuentra tu verdadero hogar? ¿En el trabajo, los viajes o las fiestas...?*

---

143 Véase Simon Jacobson, *Hacia una Vida Plena de Sentido*, (Argentina, Editorial Lubavitch Sudamericana, 2009), p. 40 y Rabbi Abraham J. Twerski, *Vision of the fathers*, (Brooklyn, Shaar Press, 2009), p. 50.

¿Por qué hay creyentes que no cumplen con todas las Mitzvot?

U na pregunta me atormentaba la cabeza una y otra vez: "¿Por qué hay creyentes que no cumplen con todas las *Mitzvot?* Y no sólo eso, sino que son capaces hasta de transgredir leyes y decrctos.

Una de las respuestas que obtuve[144] que responde gran parte de la pregunta[145], es la siguiente (enfatizo lo que son los puntos clave según mi opinión):

> … ¿Cómo puede un individuo llegar a pecar? Sólo porque **no siente las serias consecuencias** de su acto, no se da cuenta de que con éste él resulta desunido de Di-s, **y le parece (ilusoriamente) que aún conserva su grado previo de Judeidad.** De saber y tomar conciencia de la verdad tal cual es, que mediante el pecado y la transgresión resulta desvinculado de Di-s, de seguro no habría cometido el acto pecaminoso[146], pues está en la naturaleza de cada Judío no querer, de ninguna manera, estar separado de Di-s.[147]
>
> La evidencia de tal aseveración: cuando un Judío es sometido a una prueba y se le exige algo que implica (Di-s libre) renunciar a su fe y negar a Di-s

---

144 Véase *Séfer HaMaamarím: Selección de Discursos Jasídicos de los Rebbes de Jabad, Bati LeGaní5710 - 10 de Shvat* (Argentina, Editorial Kehot Lubavitch Sudamericana, 2013), 200-201.

145 Cada caso y persona es diferente, no se puede generalizar y dar una única respuesta.

146 Hacer una acción en contra de lo estipulado por Di-s en la *Torá*.

147 ¿Cómo alguien puede mejorar esta situación? No es por una acción, sino por la decisión de dejar de hacerlo, porque entendió que está mal y le hace daño.

—instancia en la que es imposible equivocarse y creer que semejante acción no lo separará de Di-s— actúa con tal sacrificio renunciando a su propia vida, tolera toda clase de torturas (Di-s libre), y entrega su vida en aras de la Santificación del Nombre de Di-s. Así se ve en la práctica, tal cual. Y no sólo es así en los más consustanciados con la teología y devotos en la acción religiosa, sino incluso también en aquellos que están en los niveles más bajos de devoción espiritual: los más frívolos y los mayores pecadores de Israel, cuando enfrentan esta prueba son capaces de entregar sus vidas por la santidad del Nombre de Di-s. ¿Por qué? Porque entonces sí comprenden y sienten por sí mismos que el acto los separará de Di-s y no quieren separarse del Di-s de Israel.

Esto de separarse del Di-s de Israel, es algo que no está en la capacidad de ningún miembro de Israel. **Pero en cuestiones pecaminosas, no es consciente ni siente que por llevarlas a cabo se separa de la Unidad de Di-s, y cree ilusoriamente que su Judaísmo sigue intacto como antes del pecado.**

Sinceramente, este es el error que yo cometía, que básicamente era la razón por la que no cumplía completamente con lo que Di-s pide a pesar de confiar y creer en Él: cuando me encontraba por hacer algo que significaba pasar por una prohibición o no cumplir una *Mitzvá*, no sentía que eso, realmente, me iba a alejar de Di-s. Podía ser por ignorancia, pero la mayoría de las veces era que me autoengañaba, sacando cuentas con mi propia lógica o justificándome por mi situación "especial", mi entorno o las condiciones del país donde vivo. Pero, realmente, era un autoengaño.

Existen tres tipos de advertencias:

I. Está la advertencia en la pared que dice "Pintura Fresca"…¿Qué hacen muchas personas? Se acercan y tocan la pared para ver si en verdad está fresca la pintura…

II. Está la advertencia cuando vas subiendo la montaña que dice "¡Peligro! No pase, zona en derrumbe"… ¿Qué hacen algunos? Pasan por debajo de la cinta de seguridad y poco a poco prueban a ver si en verdad esa zona se derrumba…

III. Está la advertencia en el envase que dice "¡Veneno! No tomar"… ¿Qué no hace nadie? Ninguno llega a pensar ni en tomar un poquito para ver si en verdad es veneno.

Similarmente es con la *Torá*: Di-s te advierte ciertas cosas, si se pueden hacer o no, cómo, cuándo y dónde. Todo depende de cómo veas estas advertencias: como "Pintura Fresca", como "¡Peligro! No pase" o como "¡Veneno! No tomar"…

Para reflexionar:

En una oportunidad un amigo me dijo que no cuidaba el Kashrut porque en Venezuela no había suficientes restaurantes Kasher y la vida social que él y su esposa compartían era básicamente salir a comer con amigos. Por razones personales, se mudó a un país donde abundan los restaurantes Kasher pero, aun así, continuó sin cumplir con esta Mitzvá… En base a la razón que él dio, ¿puedes pensar en alguna explicación para esto?

Crecí con la idea de que el universo tenía millones de años, así lo decía la ciencia

Uno de los temas que más me fascina es el de la existencia del mundo. El origen del universo ha capturado la atención de científicos, filósofos, maestros y cualquier hombre o mujer que se haya preguntado cómo es que existe este maravilloso mundo donde vivimos. ¿Una explosión? ¿Siempre existió? ¿Di-s lo creó?… Indudablemente a estas alturas, ya creía que Di-s había creado el mundo (como expliqué anteriormente), pero la cuestión era que crecí con la idea de que el universo tenía millones de años, así lo decía la ciencia.

Hay diferentes métodos que se utilizan hoy en día para determinar la edad del universo (que se dice que es de 13,700 millones de años aproximadamente). Aunque en lo personal y por mi poco dominio del tema, consideraba que estos cálculos no eran lo suficientemente confiables. Sí había otra prueba para determinar la edad de objetos, tales como vasijas encontradas en excavaciones y fósiles de animales y humanos, que respetaba mucho y "no podía negarse", que es el popular experimento utilizando el Carbono 14, con lo cual los científicos afirman que los dinosaurios existieron hace unos 200 millones de años.

Esto representaba un gran obstáculo para mi creencia en la *Torá*, ya que como es sabido, en ella se afirma que el mundo, a la fecha de la publicación de este libro, tiene "apenas" 5.776 años de creado. ¿Cómo iba a poder reconciliar esta aparente contradicción cuando todo indicaba que había una gran discrepancia entre la *Torá* y la ciencia?

Obtuve muchas respuestas a medida que indagaba más en el asunto. Estas son algunas de ellas:

a. En los experimentos que se realizan con el Carbono 14, los científicos asumen que, a lo largo de la historia, los isótopos de carbono se encuentran prácticamente equilibrados en la atmósfera. Sabemos, por tradición, que durante el Diluvio en la época de Noaj, un compuesto que se encontraba en el agua era azufre, por lo que estas condiciones que los científicos asumen constantes, no eran iguales antes del Diluvio. Por lo tanto, los valores de "millones de años" son falsos.

b. La ciencia ya ha cambiado varias veces sus valores estimados con respecto a la edad del universo, así que no son necesariamente confiables (hace unos años sostenía que el mundo tenía unos 15,000 millones de años y ahora estiman que unos 13,700 millones… Una "pequeña" variación de 1,300 millones de años).

c. La *Torá* no le "debe" nada a la ciencia, por lo que no tiene por qué reconciliarse con ella.

Les soy sincero, ninguna de las respuestas complacía mi mente. Es cierto que son buenas respuestas y son válidas, pero no lograban eliminar esta duda que, aunque a alguno le pueda parecer simple, para mí resultaba ser una gran barrera para mi creencia en la *Torá*.

No fue hasta que un día un amigo me hizo una pregunta que lo cambió todo. Una pregunta que dio lugar a una respuesta que, a pesar de ser sencilla, resolvía perfectamente esta "contradicción" *Torá* y la ciencia:

– ¿Cuántos años tenía Adam cuando fue creado el sexto día?

– No sé… Como 20 años, me imagino.

– No. Cuando Adam fue creado en el sexto día tenía apenas unos segundos de vida, pues, ¿recién había sido creado no…?

– Sí, supongo que sí. Suena lógico… Pero, ¿a dónde quieres llegar con eso?

– Bueno si se cuenta que Adam habló con Eva y comió del fruto, se comprende que no era un bebé recién nacido. Tenía la inteligencia para poder hablar y los dientes como para poder comer.

- Ok…
- Vemos que Adam, el primer humano, cuando tenía apenas unos segundos de vida ya tenía un cuerpo con características de una persona madura. Entonces tenemos un "objeto físico" que tiene menos tiempo de creado de lo que aparenta… Si le hubiéramos aplicado el experimento del carbono 14 en ese momento, ¿qué valor obtendríamos? ¿Que Adam tenía cero años?
- ¡Increíble! Nunca lo había visto de esa manera.
- ¡Y no sólo eso! La tierra, las plantas, los árboles, las frutas… En el momento de la creación ya existían todos estos listos y preparados para funcionar en un mundo en desarrollo… Di-s no creó un mundo "en pañales" donde tenía que pasar tiempo para que empezaran a crecer los árboles y que después de unos meses dar frutos… No. Di-s creó un mundo que ya era "viejo".
- ¿Qué quieres decir con un mundo viejo?
- Me refiero a que si había frutos, como el que Adam comió, significa que este árbol tenía hojas, ramas, tronco y raíces que son necesarios para que un árbol de frutos. Y para que esto ocurra, el mismo árbol se nutre de los minerales de la tierra que provienen de animales, frutos y plantas en descomposición.
- ¿Qué estás diciendo que Di-s creó un mundo con animales ya muertos?
- ¡Posiblemente! Lo que estoy diciendo es que cuando Di-s creó el mundo… El mundo ya estaba listo para funcionar.
- Entonces si uno en ése momento hubiera picado un árbol por la mitad, ¿hubiera conseguido más de un anillo?
- Exactamente… En otras palabra, Di-s creó un mundo con cierta edad que aparenta otra.

Al igual que en otras ocasiones que recibí buenas respuestas a preguntas que tenía, no puedo decir que ésta resolvió inmediatamente mi duda con respecto a la edad del universo. Pero ahora, veía el mundo y podía perfectamente entender que Di-s lo haya creado con características correspondientes a un mundo de millones de años a pesar de tener tan solo unos miles.

Te encuentras un extraterrestre y deseas determinar su edad. Después de unos cálculos, le notificas a este amigable alienígena que nació hace 170 años, a lo que responde, "¿Y quién te dijo a ti que yo "nací"?".

Ahora piensa en este ejemplo al revés: supongamos que el extraterrestre fuera a determinar tu edad utilizando tu cuerpo como objeto de estudio: estudiará los procesos químicos y biológico de los órganos.

Al concluir con el estudio, te dice que para que la naturaleza haya podido formar un cuerpo con dichos órganos no puede haberlo hecho en menos de 200.000 años. A lo que le responderías que, de hecho, tu naciste con estos órganos ya desarrollados.

Para reflexionar:

¿Te has detenido a pensar por un momento lo que significa que el mundo tenga 15 mil millones de años? Piensa un momento en ese número... Porque decirlo es muy fácil, pero trata de visualizar este astronómico número por un instante. ¿De verdad crees en estos números? Y si es así, ¿acaso alguno de nosotros se ha dedicado a corroborar estos cálculos? ¿Por qué si podemos creer en "15 mil millones de años" y no exigimos que nos lo demuestren...?

¿Por qué ya no existen los milagros como antes?

El tema de los milagros fue uno de los que más me costó entender: cuando uno no crece bajo la idea de que Di-s hace milagros constantemente, era difícil (mas no imposible), que alguna respuesta o explicación te haga cambiar de parecer. Me parecía imposible, ilógico e inexplicable que existieran milagros sobrenaturales. Simplemente no creía en ellos. Si alguien trataba de convencerme de que sí existían los milagros hechos por Di-s, le preguntaba: "¿Por qué ya no existen los milagros como antes? Y si dices que aún existen, sólo que de otra manera, no puedes negar que los milagros de antes eran mucho más revelados y evidentes."

Para creer en los milagros fue necesario empezar a creer y entender otros principios y fundamentos del Judaísmo[148]. No ocurrió en cuestión de días, pero después de un tiempo lo tenía claro: "… después de todo, si Di-s existe y es Todopoderoso, ¿no va a ser capaz de hacer cosas magníficas y sobrenaturales?"

Como dije antes, pasó un tiempo antes de cambiar mi opinión sobre los milagros, pero, aun así, quiero compartir una de las ideas que contribuyeron a ello, una grandiosa idea que ilustra muy bien este asunto:

> Cuando el Pueblo de Israel sale de Egipto y cruza el mar, se enrumba en un viaje de 40 años en el desierto. Durante todo este tiempo, Di-s los alimentó con *Maná*, un alimento que caía del cielo.
>
> Para los más de 3 millones de personas que estuvieron presentes, esto era un milagro que provenía directamente de Di-s. Estaban saliendo tras 210 años de esclavitud y ahora no tenían que trabajar por la comida, simplemente caía del cielo. No había ni una duda de que era un milagro de Di-s.

---

148 Como la existencia de Di-s y la veracidad de la *Torá*.

Ahora, para los nacidos en el desierto, los nuevos integrantes del Pueblo de Israel, el hecho de que cayera *Maná* del cielo seguramente no resultaba gran impresión: puesto que cuando ellos nacieron ya caía el *Maná* del cielo, eso era "normal" o algo "propio de la naturaleza".

Esta nueva generación tuvo el mérito de entrar a La Tierra de Israel y como Di-s iba a proveer de *Maná* al Pueblo Judío sólo durante su estadía en el desierto, el alimento ya no iba a caer del cielo, si no que ahora tenían que conseguirlos con sus propias manos.

Cuando esta nueva generación sembró una semilla, pasó un tiempo y salió de la tierra una planta que producía frutos que servían de alimento, consideraron este hecho un milagro de Di-s[149], ya que esto para ese entonces escapaba de la lógica humana.

Pero luego, para los nuevos integrantes del Pueblo de Israel (los nacidos dentro de La Tierra de Israel), el hecho de que de una semilla saliera una planta y diera frutos no resultaba gran impresión: como cuando ellos nacieron ya salía de una semilla una planta que da alimento, eso era "normal" o algo "propio de la naturaleza".

De la misma manera pensamos nosotros. Razonamos que los fenómenos son normales y que son "propios de la naturaleza" cuando en realidad, si reflexionamos en todo lo que estos procesos involucran[150] comprenderemos que todos son un milagro y detrás de ellos hay un responsable.

Esta historieta también refleja cómo la naturaleza en realidad es un milagro:

Cuentan que un Rabino y su alumno estaban en el carro camino a la sinagoga cuando de repente el auto se detiene.

---

149 ¿Cómo de una semilla va a salir una planta con frutos?
150 Como el embarazo, la lluvia, el fuego, la fotosíntesis, entre otros.

- Rabino, disculpe, olvidé ponerle gasolina al carro. Fue muy irresponsable de mi parte.
- No te preocupes Yosy, a cualquiera le puede pasar. Pásame esa botella de agua.
- Rabino con todo mi respeto, el carro no funciona con agua sino con gasolina.
- Yosy, cuando entiendas que el mero hecho de que el carro funcione con gasolina, es decir, que la reacción química y el proceso de combustión que ocurre en el motor del carro, es un milagro, tú también podrás echar agua al tanque para que funcione.

Para reflexionar:

¿Qué exactamente es esto a lo que llamamos " La Naturaleza", a la que se le atribuye ser el motivo y razón del funcionamiento del mundo?

"ELOKIM" Y LA NATURALEZA

Es común que se le otorgue a la naturaleza la responsabilidad de los diferentes sucesos que ocurren día a día, desde el nacimiento de un bebé, el crecimiento de una planta a partir de una semilla, la lluvia, leyes de la física hasta lo que llamamos "fenómenos naturales" o "sobrenaturales". Éstos y muchos otros, son atribuidos a lo que se llama "La Madre Naturaleza".

Para desconocimiento de muchos, es un concepto fundamental del Judaísmo el que uno de los nombres de Di-s, "*Elokim*", tenga la misma *Guematria*[151] *(*valor numérico de la palabra) que la palabra "*HaTeva*" ("La Naturaleza" en hebreo).

Por lo tanto, se aprende de esto, que todo lo que pasa en la naturaleza en realidad es uno de los atributos de Di-s.

---

151 Ambas palabras, en su valor numérico, (pues en hebreo no hay números y las mismas letras los representan, siendo la *alef*, "א", igual a 1, *bet*, "ב", igual a 2, y así sucesivamente), suman 86. Ahora bien, "naturaleza" significa el carácter ordenado del mundo. Debido a su repetitividad, la gente se acostumbra a ella y ésta no despierta sensación de sorpresa. No se brinda pensamiento alguno al poder y la fuerza vital Divina que se encuentra oculta en aquellas cosas que tienen un orden establecido y se repiten constantemente. (Rab Shneur Zalman de Liadí, *Tania, Shaar HaIjud Vehaemuna* (Argentina, Editorial Kehot Lubavitch Sudamericana, 1995), p. 66.

CAPÍTULO III

Algunas experiencias y anécdotas…

Un Señor de barba blanca muy fuerte con una lanza en la mano

unque sabía y entendía que Di-s no tiene ni imagen ni forma[152], infantilmente, me lo imaginaba como un Señor de barba blanca muy fuerte con una lanza en la mano. La verdad es que había crecido con la idea de que, si existía Di-s, tendría este aspecto. Es por ello que no sabía qué pensar de Él, no sabía qué imaginarme al rezar o cómo relacionarme con Él.[153]

Esta inquietud era muy grande, por lo que representaba gran parte de mis conversaciones con mi Rabino. En una oportunidad me facilitó un ejemplo (que aunque parezca simple a mi parecer tiene un mensaje muy profundo), que dio cabida a una nueva y más sublime manera de pensar en Di-s, acción que está en constante maduración:

> Imagina una de esas peceras de casa que se le ponen unos adornos y pequeñas ramas para que los peces se sientan "en casa". Vamos a suponer por un momento que estos peces que están adentro tienen capacidades humanas como pensar y hablar. Ahora visualicemos el momento en el que el niño de la casa agarra la comida para peces y la echa en la pecera:
>
> Están los "peces científicos" que dicen que esta comida que está cayendo es producto de una reacción entre el oxígeno que se encuentra en el aire y la superficie del agua...
>
> Están los "peces filósofos" que están en desacuerdo con los peces científicos ya que sostienen la teoría de que

---

152 Véase la nota 78.

153 Esta "imagen" que tenía de Di-s fue sumamente difícil de sacar de mi cabeza. Hay que ser muy cuidadoso con las ideas con las que crece un niño, ya que más adelante cuesta desprenderse de ellas.

esa comida siempre existió y se encuentra en la superficie del agua y cae con el paso del tiempo…

Finalmente, están los "peces creyentes" que dicen: "¡Nooo! Esa comida que cae nos la da nuestro Amo".

¡Lo mismo pasa con nosotros! Veamos por ejemplo la lluvia: cuando está lloviendo y vemos hacia arriba pensamos que porque el agua se evaporó, se condensó en las nubes y todo este proceso es que llueve. Lo que no pensamos es que es Di-s el que está haciendo posible todo este proceso.

Esta analogía me ayudó a entender un poco cuál es la relación de Di-s con nosotros, que a pesar que no lo veamos físicamente[154], es el que nos proporciona todo lo que necesitamos.

Este es otro ejemplo (hipotético) que me permitió comprender aún más la relación de Di-s con nosotros:

Cierra los ojos por un momento. Imagina un campo lleno de árboles, flores y animales. Imagina que en el centro de este campo hay una pequeña cabaña donde vive un hombre. Visualiza el interior de la casa: los muebles, los cuadros, la chimenea… Visualiza al modesto hombre con su atuendo, sus facciones… Ahora te pregunto: ¿Tú puedes saber lo que el señor está pensando en estos momentos? ¡Por supuesto! Está todo en tu imaginación. Todo lo que este señor piense, sienta o desea, tú lo sabes porque está en tú cabeza.

De igual manera todo lo que pasa en este mundo y todo lo que pasa en nuestra persona Di-s lo sabe. Todo está en Su "cabeza".

Como dije antes, no entender y no saber qué pensar de Di-s me perturbaba mucho, por lo que esta otra historia me tranquilizó en gran medida:

---

154 Al igual que los peces no veían al niño.

Un hombre se acercó al Tzemach Tzedek[155] a exponer sus penas: "Rebbe…" —dijo sollozando— "¡Tengo dudas acerca de mi fe! ¿Qué debería hacer?" El Rebbe parecía no comprender el problema, "¿Y…? Tienes dudas en tu fe… ¿qué pasa con eso?" El hombre se agitó más, "Rebbe… Dudas acerca de mi fe… ¡Mi fe!… Y no puedo apartarme de ellas…" El Rebbe le respondió suavemente, "¿No ves lo perturbado que estás por tener estas dudas? ¿No es esa la mayor prueba de que, en realidad, tú sí tienes fe?"

Para reflexionar:

¿Cuándo fue la última vez que te tomaste 5 minutos para pensar y hablar con Di-s?

---

155 Rab Menajem Mendel, Tercer Rebbe de Lubavitch.

Crecí pensando que venimos de los monos

L a evolución[156] era uno de los temas que más me causaba controversia entre la *Torá* y la ciencia[157]. En otras palabras, crecí pensando que venimos de los monos.

Como no soy experto en ninguna de las dos áreas, no voy a tratar de resolver esta aparente contradicción que hay. Solamente me voy a tomar la libertad de transcribir una parte de un libro[158] que hizo que me cuestione los argumentos a favor de la evolución y reconsidere mi postura. El libro trata de un joven que tiene muchas dudas y se encuentra con un Sabio sentado en un parque, al cual decide hacerle preguntas de la *Torá* y la ciencia:

- Joven: ¿Cómo refutamos las pruebas de los evolucionistas?
- Sabio: No necesitamos refutar nada pues no han presentado ni una sola prueba.
- J :¿Qué puede decirse para satisfacer la mente confundida de la juventud?
- S: Mucho. Primero: que la improbabilidad matemática de la evolución accidental es asombrosa. Aunque existiera la posibilidad, la improbabilidad de que una sola célula pudiera casualmente haber evolucionado en una hormiga, es de dimensiones astronómicas.
- J: ¿Por qué?
- S: Trata de hacer un librito con quince hojas sueltas numeradas del 1 al 15. Entremezcla las hojas y ve cuántas posibilidades existen que caigan una sobre la otra en orden numérico.

---

156 Evolución entre especies.
157 Había crecido con la firme creencia de que la evolución era irrefutable.
158 Rab Avigdor Miller, *La alegría del conocimiento verdadero* (México, Editorial Jerusalem de México, 1997), pp. 11-13.

- J: Hay una posibilidad muy remota, pero puede ocurrir.
- S: No te das cuenta de qué tan remota. La probabilidad es de 1 en 1,307,700,000,000.[159]
- J: ¡De verdad! ¡No me imaginaba que tanto!
- S: Supongamos que tu libro no tiene quince, sino cien hojas sueltas y numeradas. Entremezclarlas en forma accidental de modo que caigan en orden numérico, sería una probabilidad de trillones de trillones. El desarrollo accidental de una célula para formar una pata de hormiga requiere de cientos de células de 1) varios tamaños y 2) varias formas; siendo las células de: 3) varios materiales, todos hechos a la precisión y 4) en la posición perfecta; y todo debe estar 5) unido por conexiones de estructuras, nervios y músculos para funcionar como una unidad. Esto es equivalente a miles de hojas enumeradas que deben caer en orden numérico preciso. La improbabilidad de tal arreglo accidental desafía los cálculos matemáticos. Pero aun esto no es nada comparado con el ojo humano, que es inmensamente más complicado. El ojo descansa en forma segura dentro de una cavidad ósea prominente, que lo protege de los golpes. Está provisto de un párpado, que se cierra automáticamente al acercarse un objeto y que se eleva y desaparece convenientemente cuando no se necesita. El ojo está continuamente bañado por un fluido antiséptico y sedante, abastecido por la cavidad de los conductos lacrimógenos. Las cejas interceptan el sudor y las pestañas ayudan a evitar la entrada de cuerpos extraños. La blanca piel externa del glóbulo ocular es resistente, para proteger al

---

159 Valor obtenido al permutar "15" (15x14x13x12...) [15! = 1,307,674,368,000]

ojo y evitar elongaciones o aplanamientos que deteriorarían la visión. La piel interna del ojo es negra, como el interior de una cámara, para absorber el exceso de luz que haría borrosa la imagen. El ojo está equipado con un lente cristalino y tiene una pantalla (la retina) sobre la cual se proyecta la imagen. La pantalla está compuesta por 9 capas, conteniendo muchos millones de bastones y conos y un laberinto de fibras nerviosas de sorprendente complejidad. La pupila dilata en la oscuridad, para permitir un máximo de luz, y se contrae con la luz solar, para excluir un exceso de luz. El ojo es la cámara más perfecta, pues además de ajustarse por sí mismo a la intensidad de la luz, también enfoca instantáneamente a distancia, toma fotos a color, rota su foco en todos los sentidos y toma la imagen invertida acomodándola luego hacia arriba. Cada componente del ojo: los lentes, la retina, el nervio óptico, los conductores lacrimales, etc., es enormemente complejo, algunos conformados por millones de partes. Cada una de estas partes tiene la composición química y física precisa. Cada componente debe estar en posición precisa y ser del tamaño exacto. Es más fácil creer que una montaña, moldeada accidentalmente por millones de terremotos, erupciones y huracanes, dio como resultado un alto rascacielos con los detalles de la estructura de acero, mampostería, plomería, ventilación, alumbrado, cerrajería, accesorios y comunicaciones que creer que un alga unicelular evolucionó en un ojo. Comparado con el ojo, el edificio es tan poco complejo como un ladrillo.

— J: Ciertamente suena infantil creer que una simple célula tuvo la visión infinita y el enorme conocimiento técnico de química, física, ingeniería y logística, más allá del conocimiento de toda la humanidad para evolucionar aun en la parte más pequeña del ojo. Pero también es extraño decir que una estructura tan compleja como el ojo fue creada súbitamente.

Esta narración me llevó a concluir[160] que es más difícil creer que venimos de los monos a que un Ser Todopoderoso nos haya creado.[161]

> *Para reflexionar:*
>
> *¿Realmente crees que el hombre, con su capacidad de pensar y actuar, provengan de una especie tan primitiva como el mono?*

---

160 Esta no fue la única causa para hacer esta conclusión, pero las otras requieren de sentarse a estudiarlas para poder ser transmitidas.

161 Un niño le pregunta a su mamá:
— ¿Mami de dónde venimos?
— Di-s nos creó hijo.
El niño va a donde su papá y le pregunta:
—¿Papi de dónde venimos?
— De los monos hijo.
El niño vuelve donde su mamá y le dice que su papá le dijo que venían de los monos.
— Ese es su lado de la familia.

¿Vas a estudiar Torá toda la noche?

Durante la festividad de *Sucot* fui invitado a participar en una tradición milenaria, que consiste en dedicar toda la noche de *Hoshaná Raba*[162] al estudio de *Torá* hasta el amanecer.

Decidí asistir por mis ganas de saber más, y tambіén tenía un poco de intriga y curiosidad acerca de este evento del que nunca había escuchado. Para no ir solo, invité a un amigo que, tan sorprendido como yo de esta tradición, me preguntó: "¿Vas a estudiar *Torá* toda la noche? Entiendo que hay que estudiar, pero… ¿Por qué te vas a los extremos? ¿No te parece un poco exagerado estudiar toda una noche sin dormir?"

En ese momento recordé la cantidad de horas que me desvelé estudiando "Física 2"[163] para los exámenes con mis amigos. Recuerdo lo orgullosos que estaban mis padres de cuánto estudiaba, tanto así, que les decían a mis tíos que prácticamente no había dormido toda una semana estudiando Física.

Le conté esto a mi amigo y al final le pregunté: "Estudiar una semana Física sin dormir es un orgullo, pero estudiar toda una noche *Torá* ¿es un extremo?..."

Tras escuchar esto mi amigo no discutió más y me deseó que tuviera fuerza para poder quedarme despierto toda la noche, pero no sin antes aceptar venir conmigo a vivir esta hermosa tradición.

Para reflexionar:

¿No te parece que es mucho mayor el tiempo que dedicamos a las actividades físicas que a las espirituales?

---

162 Última noche de esta festividad.

163 Posiblemente el curso más difícil de Ingeniería Civil en la Universidad Metropolitana.

¿Pero qué tiene de malo si lo importante es lo que está adentro?

Muchas veces mis argumentos para no cumplir una *Mitzvá* y todas sus *Halajot* y detalles, eran razonamientos y deducciones propias. En principio parecían lógicos, pero al estudiar la razón y la esencia de la *Mitzvá,* me di cuenta que estaba equivocado y no eran una exageración o cuestión de un ritual, sino que había una explicación para cada uno de los detalles.

Como es imposible empezar a explicar cada uno de los motivos de todas las *Halajot*, quiero, en cambio, compartir una historia que le pasó al Rabino, de la cual aprendí que no siempre nuestra lógica es correcta y que los diferentes detalles tienen su razón de ser.

El Rabino tenía unos dolores en su estómago muy fuertes. Después de unos estudios, el doctor le recetó un antibiótico para que tomara por una semana. Después, el doctor lo volvería a ver.

Cuando el Rabino estaba por tomarse el antibiótico, se percató que éste venía en una cápsula que, la mayoría de las veces, son de procedencia animal[164]. Después de analizar por unos minutos qué hacer, se le ocurrió la "brillante idea" de abrir la cápsula y verter el polvo[165] dentro de un vaso con agua y tomárselo. A fin de cuentas, se estaba tomando "lo importante".

Concluyó la semana mas no lo hizo el dolor. El doctor estaba sumamente asombrado… "En la mayoría de los casos el dolor se va después de una semana tomando este antibiótico. De verdad que no lo entiendo…" El Rabino, sufriendo de dolor, se sentía aun peor por ser un caso único…"

---

164 La cápsula puede estar mezclada con gelatina animal que no es *Kasher*.
165 El antibiótico.

Entonces, sin darle mucha importancia, le comentó al doctor que había quitado la cápsula del medicamento antes de tomárselo.

- ¿Por qué hizo eso Rabino? —Exclamó el doctor— Ahí es donde radica el problema y por eso no hizo efecto el antibiótico.
- Es que puede que la cápsula no sea *Kasher* y no me la quería tomar —Dijo con un tono sincero e inocentemente preguntó— ¿Pero qué tiene de malo si lo importante es lo que está adentro?
- La cápsula es el medio que asegura que el antibiótico llegue a los jugos gástricos del estómago que es donde se tiene que disolver para que haga efecto —Explicó el doctor— Si extraes el antibiótico de la cápsula se disuelve entre la saliva, el esófago y otras partes del cuerpo y no llega al lugar indicado…

Me di cuenta de que antes de juzgar y cuestionar a la *Torá* bajo mi propia lógica y razonamiento, debería estudiar un poco más para no hacer conclusiones erradas.

Para entender aún mejor esta idea, esta otra historia real que me contó el Rabino también muestra como no siempre tenemos toda la información y muchas cosas escapan de nuestra lógica, e incluso, nuestra imaginación:

Una señora fue un día a la oficina del Rabino para hablar acerca de unos asuntos personales.

Entre otras cosas le contó que era alérgica al gluten. Éste se encuentra en muchos alimentos por lo que, prácticamente, la señora no podía comer nada fuera de su casa porque, aunque el alimento en sí no contuviera gluten, si fue cocinado en el mismo horno o cocina que otro alimento que sí tenía gluten, le brotaba una alergia por todo el cuerpo. Es decir que si ella come unas papitas que no tienen gluten en el mismo horno que fueron cocinadas unas tortillas que sí tienen gluten, la señora se intoxica.

No importa si el horno se lavó y limpió a fondo: si ahí se cocinó un alimento con gluten, ella ya no puede comer nada que se cocine ahí.

Nunca hubiera imaginado que lavar un horno no era suficiente para eliminar cualquier resto de comida. Es más, para mí el sólo hecho de que el alimento no contuviera gluten me parecería apto para que lo pueda comer sin importar donde se cocinó. Así que si ella me hubiera contado su historia a mí en lugar de contársela al Rabino, hubiera pensado que es una exagerada. El "pequeño" detalle es que en este caso no se trata de pensar sino del hecho de que la señora se intoxica si come de un alimento que fue cocinado en el mismo horno que otro alimento que sí tiene gluten.

El Rabino me confesó que eso a él le sirvió para comprender aún más aspectos del *Kashrut*, como por ejemplo separar los platos de carne y leche.[166]

Para reflexionar:

¿Cuántas veces no has estado seguro de algo y al final te das cuenta lo equivocado que estabas?

---

166 Conozco una excelente cocinera de casa que tiene un juego de cubiertos para comidas saladas y uno diferente para comidas dulces… Ella suele decir: "Aunque los laves, se siguen sintiendo sus sabores" justificando su "extremismo".

¿Hay que tener una Mezuzá[167] en cada puerta de la casa?

Recuerdo que en la sinagoga se hizo una actividad que consistía en hacer vallas publicitarias, solo que, a diferencia de las vallas que estamos acostumbrados, éstas iban a ser para vender *Mitzvot* en vez de productos o servicios. Nos dividimos en cuatro grupos a los cuales les fue encomendado una *Mitzvá* diferente: *Kashrut*, Velas de *Shabat*, *Netilat Yadaim*[168] y *Mezuzot*, que fue la que le tocó a mi grupo.

Para que la actividad tuviese contenido, se le dio a cada grupo una hoja con las características y detalles de la *Mitzvá* respectiva. Nosotros, nos propusimos escribir una canción sobre la *Mezuzá*, pero en sentido figurado. Decía algo así…

> "Cada vez que salgo de la casa, te beso…
> Te quedas esperándome sin ninguna queja…
> Al llegar a casa, estás ahí esperándome en la puerta…
> Llego con amigos y no me pongo celoso si te besan…".

Una de las especificaciones de esta *Mitzvá* es que dos veces cada siete años tienen que ser revisadas para asegurarse de que están *Kasher*[169]. Cuando leí esto, fui corriendo a donde el Rabino porque, que yo recuerde, nunca se habían revisado las *Mezuzot* de mi casa, ¡ni una vez en 20 años! El Rabino me dijo que le trajera todas las *Mezuzot* que había en mi casa, ya que él las iba a revisar. En mi cabeza pensé: "Cuando dice 'Todas las *Mezuzot* de mi casa', me imagino que se refiere

---

167   Pergamino que tiene escrito dos versículos de la *Torá*; se encuentra albergado en una caja —o receptáculo— que es adherido a la jamba —o marco— derecha de los pórticos de las casas y ciudades Judías.

168   Lavado de manos.

169   Rabí Shlomo Ganzfried, *Kitzur Shulján Aruj*, Capítulo 11, Inciso 25 (Argentina, Edición Kehot Sudamericana, 2009).

a las dos que tengo: una en la puerta principal y una en la puerta de salida a las escaleras… Todas… Dos… Está bien…".

Al día siguiente me dirigí hacia la oficina del Rabino con mis dos *Mezuzot* cuando noté que su expresión indicaba que esperaba algo más…

- ¿Y las demás *Mezuzot*?
- Esas son todas Rab. Una por cada puerta de entrada a la casa…
- ¿Y las de los cuartos y otras puertas de la casa?
- ¿Hay que tener una *Mezuzá* en cada puerta de la casa?
- ¡Claro! Una por cada puerta como decimos en el "*Shemá Israel*"[170]: "*… sobre las jambas de tu hogar y en tus portales*"[171].
- No sabía Rab… Esas son todas las que tengo –No pude evitar dejar escapar una risa inocente al darme cuenta que no sabía algo que parecía ser tan importante.
- Bueno… ¿Cuántas puertas tiene tu casa más o menos?
- No sé… como seis.
- No pueden ser seis nada más… ¿Cuántos metros tiene tu casa?
- Como 300 mts^2.
- Deberías tener como doce puertas… Agarra esa caja que está ahí y vamos a ponerle una *Mezuzá* a cada puerta mañana mismo, porque ya casi es la hora de *Minjá*.
- Rab mañana se nos va a complicar, ¿podemos hacer eso hoy…?
- Bueno está bien. Di-s nos ayudará a llegar a tiempo.

---

170 Uno de los principales rezos que se dice todos los días.
171 Deuteronomio 6:9

Y así hicimos: un amigo que me acompañaba nos llevó a mi casa para poner las nuevas *Mezuzot*. A todas estas, mi madre no estaba enterada de nada porque decidí hacerlo sin que ella estuviera en la casa. Una vez realizado el cambio, le iba a explicar que no lo hice porque pudo haber algún problema en mi casa a raíz de que las *Mezuzot* estaban defectuosas, sino que quería que estuvieran bien, nada más que eso.

Cuando llegamos, empezamos por la puerta principal: "*Baruj ata Hashem… Likboa Mezuzá*". Así fuimos una por una, la sala, la cocina, el cuarto de servicio...

— Rab pero aquí duerme la señora que trabaja en la casa, no hace falta poner *Mezuzá*. –Dije sorprendido.
— ¿El dueño de este cuarto eres tú o ella? –Preguntó el Rabino con una sonrisa en la cara.
— Yo Rab... –dije sonriendo

Seguimos con los cuartos, el "Vestier" de mi madre (no podía dejar de imaginarme a mi madre cuando viera que hasta en su "Vestier" pusimos *Mezuzá*…). Bajamos al piso inferior, que sorprendentemente, no tenía ni una puerta. Subimos e hicimos una última inspección para ver si faltaba alguna puerta, cuando recordé que en el piso de abajo sí había un cuarto, pero como estaba detrás de la escalera no lo habíamos visto. Volvimos a bajar y le colocamos la *Mezuzá*.

Una vez arriba…

— ¿Depósito tienes? —Preguntó el Rabino.
— Sí Rab, pero, ¿también hace falta en el depósito? —Pregunté asombrado.
— ¡"… *sobre las jambas de tu hogar y en tus portales*"! —Dijo sonriendo el Rabino.

Bajamos al depósito ("… mi madre va a decir que estoy loco y me va a matar") y mientras poníamos la *Mezuzá* llegó un vecino que nos saludó. El Rabino le preguntó si ya había hecho la *Mitzvá* del *Lulav* y *Etrog*[172] a lo que respondió que no. Subí a buscar el mío (que por cierto era la primera vez que tenía el mío propio) y de esta manera mi vecino cumplió con esta *Mitzvá*.

- ¿Alguna puerta más? —Preguntó el Rabino
- Listo Rab, ninguna más. —Respondí contento.
- ¿Estás seguro? —Preguntó con picardía el Rabino.
- Si Rab, ¿por qué? —Pregunté con mucha curiosidad.
- Mira la caja —dijo el Rabino mostrándomela — No queda ni una *Mezuzá*. Dio justo para lo que necesitábamos. Ni una más ni una menos…

Ya estábamos de vuelta a la sinagoga para ir al rezo de *Minjá* al cual llegamos a tiempo:

- ¡Ohhh! —el Rabino exclamó.
- ¿Qué pasó Rab? —Pregunté
- Mira todo lo que acaba de pasar… ¡Qué bonito es cuando Di-s nos permite ver Su mano! Tú ayer viniste a la actividad, *te tocó* hacer la publicidad de las *Mezuzot* y por lo que leíste en una de sus especificaciones vinimos hoy a tu casa a cambiarlas. Trajimos *justo* lo que necesitamos sin saber ni cuántas puertas tienes en tu casa ni cuántas *Mezuzot* había en la caja y no sólo esto, tu vecino llegó en el momento *preciso* para efectuar la *Mitzvá* de *Lulav* y *Etrog*, que además, si no fuera porque te acordaste del cuarto que había detrás de las escaleras, hubiésemos bajado a poner la *Mezuzá* en el depósito *antes* sin *coincidir* con tu vecino, que llegó unos minutos después. Lo más increíble de todo esto, es que él no se imagina todo lo que aconteció antes para que él pueda hacer la *Mitzvá* del *Lulav* y *Etrog*. Y

---

172 Primicias de las cuatro especies o *Arbaat Haminim*, compuestos por el *Lulav* (una hoja de palma cerrada); el *Etrog* (un fruto de cidro); los *Hadasim* (tres hojas de mirro); y las *Aravot* (hojas de sauce).

así es toda nuestra vida, Di-s es el que maneja el mundo y el mueve las piezas sin que nos demos cuenta y nos percatemos de todo lo que está pasando por atrás. Pero hay veces, como esta, que sí nos deja percibir Su poderosa mano...

Para reflexionar:

Piensa en alguna experiencia que hayas vivido donde el desenvolvimiento y las circunstancias que se dieron fueron excepcionales... ¿Crees que todo fue una mera coincidencia?

Estadísticamente, no deberíamos ni ser escuchados

En una oportunidad leí un libro que mi padre me regaló sobre el Pueblo Judío. No era un libro de la *Torá*, ni estaba escrito por un Rabino, era simplemente un libro[173] sobre la historia de los Judíos relatada por un académico[174]. No dudé en leerlo (aunque no fuera una fuente ortodoxa), ya que mi búsqueda para encontrar la verdad tenía que ser sincera y honesta, por lo que no podía leer únicamente libros religiosos.

En este libro encontré unos datos fascinantes que sirvieron para fortalecer mi creencia (y agrego algunos otros que creo pertinentes), ya que dan testimonio a la grandeza de Di-s y de la *Torá*. No basé mi creencia en ellos, pero son muy interesantes y dignos para pensar y reflexionar. Cuando los leí no podía parar de pensar: "¿Dónde están los científicos cuando hay datos como estos?":

- Hay 7 billones de personas en el mundo, de los cuales 15 millones —el 0,21%— son Judíos. Estadísticamente, no deberíamos ni ser escuchados.[175] Pero como todos sabemos, la realidad es lo contrario: la contribución Judía al mundo en áreas como la religión, ciencia,

---

173 Max. I Dimont, *Jews, G-d, and History* (USA, New American Library, 2003).

174 Los invito a ver lo que dijeron pensadores reconocidos mundialmente como Mark Twain, Leo Tolstoi, John Adams, Winston Churchill sobre el Pueblo Judío en:
http://www.virtualjerusalem.com/culture.php?Itemid=11334.

175 En una oportunidad le pregunté a un compañero de la universidad que no era Judío:
— ¿Cuántos Judíos crees que hay en el mundo?
— No sé… Como 500 millones…
— 500 millones… ¿y cuánto Judíos crees que hay en Venezuela?
— ¿Como 1 millón?
Datos en ese entonces (sin referencia): 15 millones de Judíos en el mundo; 10 mil Judíos en Venezuela.

tecnología, medicina, literatura, música, artes, finanza, economía, filosofía, entre otras, es sumamente notable.

- Los Judíos introdujeron conceptos como rezar, perdonar, ayudar al necesitado, el recato, la redención, entre otras. Todo esto miles de años antes que el mundo lo aceptara y todo esto sin un país propio sobreviviendo frente a imperios que buscaban su destrucción.

- La gran Grecia duró 400 años. Luego esa nación desapareció y más nunca recobró su grandeza. Igual Roma, Persia, Babilonia, Egipto, pero no fue así con los Judíos: su período se extiende a más de 3.000 años.

- Los chinos y los hindúes son los únicos "antiguos" como los Judíos, pero no fueron deportados de sus países ni tuvieron que sobrevivir en tierras ajenas, que es la razón principal de la asimilación.

- Todas las civilizaciones que conocemos han dejado un record de su historia en cosas materiales. Los conocemos por ruinas arqueológicas o algún registro de alguna guerra. Los Judíos somos conocidos por las ideas y valores que hemos enseñado y su impacto en otras personas y civilizaciones.

- Los griegos y los romanos son las otras únicas naciones con influencia trascendental en el mundo, pero los que viven en Italia y Grecia no son los mismos que vivían en Roma y Atenas.

- Un gran número de naciones trataron de aniquilar al Pueblo Judío a lo largo de la historia, como los romanos, los cristianos durante la inquisición, y recientemente los nazis, pero el Pueblo Judío "milagrosamente" sigue existiendo.

- Las ideas Judías, especialmente aquellas encontradas en la *Torá*, han sido traducidas en todos los idiomas del mundo. La *Torá* se conoce como el libro más vendido en la historia de la humanidad.

- La presencia en los Premios Nobel de Judíos es sumamente significativa para el pequeño porcentaje que representan de la población mundial.

Quiero agregar una idea que también me hizo reflexionar:

- Israel es un país que está en el Medio Oriente en el cual también se encuentran 23 países árabes, que todos y cada uno en algún momento declararon que deseaban la destrucción del Estado de Israel. Y no sólo fueron palabras, el día de la independencia del Estado Judío se unieron 6 países en guerra contra este pequeño país. ¿Cómo es posible que Israel se mantenga bajo régimen Judío tomando en cuenta sus probabilidades de existencia?[176].

… ¿Y qué es eso que tiene el Pueblo Judío que no posee ningún otro pueblo en el mundo para ser el único que ha sobrevivido a todo tipo de guerras, invasiones, intentos de aniquilación y al mismo tiempo haber contribuido con la humanidad como se mencionó anteriormente? Lo que diferencia al Pueblo Judío de cualquier otro es que Di-s nos dio la *Torá*.

> *Para reflexionar:*
>
> *¿Nunca te has preguntado a qué se debe el éxito que han tenido los Judíos a lo largo de la historia sin importar el país en que se encontraban?*

---

176 El Primer Ministro de Israel David Ben Gurión dijo en una oportunidad: "En Israel, para poder ser considerado un realista, uno tiene que creer en milagros". (http://www.virtualjerusalem.com/culture.php?Itemid=11334).

¿Y para qué haría yo eso?

Tengo un gran amigo que también es un *Baal Teshuvá*[177]. Un día, mientras hablaba con este amigo, me dijo:

- ¡Mich! Tienes que empezar a cuidar *Shabat*. No te imaginas lo increíble que es. La tranquilidad que te da, el descanso[178], la paz interior… ¡Es el mejor día de la semana!
- Joel, tu sabes que yo creo en todo y que quiero cumplir con la *Torá* pero bueno… "poco a poco". —Le dije— Pero ni pienses decirme que es el mejor día de la semana: no puedes ver tele, montar carro, hablar por teléfono. Tampoco exageres…
- ¡Nooo! Te digo que es el mejor día, confía en mí —Trató de convencerme.
- Seguro voy a hacerlo algún día, sólo que ahora no estoy preparado —Dije muy seguro de mí mismo.

Unos años han pasado desde que ocurrió este encuentro y ahora puedo decir con mucha seguridad que mi amigo tenía razón: ¡*Shabat* es el mejor día de la semana! Ojalá se pudiera escribir en papel la sensación, la belleza y lo maravilloso que es *Shabat*. Tan es así, que me es sumamente difícil describir en unos párrafos la grandeza y todo lo que significa *Shabat*. De todas formas, voy a escribir un pequeño pero representativo ejemplo.

El dueño de una de las mayores multinacionales de Estados Unidos tras años de trabajo, decidió que era prudente tomarse unas merecidas vacaciones en

---

177 Término que se le da a una persona que no creció siendo observante y empieza a recalibrar su pensamiento en aras de la *Torá*.

178 El versículo que menciona la *Mitzvá* de descansar en *Shabat* dice: "וביום השביעי שבת וינפש" ("*… y en el séptimo día cesó y descansó*") (Éxodo 31:17) donde la palabra "וינפש" (descansar) se deriva de la raíz "נפש" (alma). Por lo tanto, el relajamiento del esfuerzo del trabajo restaura el alma (*Rashi* a Éxodo 31:17).

recompensa por sus años de esfuerzo. Su sueño siempre había sido ir a las Islas Fiji ubicadas en el Océano Pacífico a pescar por un mes entero en su yate sin tener que dedicarse al trabajo. Tendría su tan anhelada "desconexión del mundo".

En sus días de pesca, notó que todos los días un humilde hombre en su pequeño bote sacaba varios peces con mucha facilidad y al llenar el espacio del pequeño bote no después de mucho tiempo, se retiraba a su hogar. Tras una semana, el empresario no se contuvo y se acercó al pescador:

- Veo que es muy hábil con el carrete —Le dijo al isleño.
- Llevo años pescando en estas aguas —Se justificó el hombre —Mi vida depende de ello.
- ¿Nunca ha pensado vender su pesca? —Preguntó el empresario, imaginando la oportunidad de negocio que tenía en sus narices.
- ¿Y para qué haría yo eso? —Preguntó el pescador sin saber a lo que el empresario quería llegar.
- Bueno si empiezas a vender lo que pescas pudieras reunir lo suficiente como para comprar un bote más grande donde puedas almacenar aún más pescados de lo que haces ahora. —Explicó.
- ¿Y por qué quisiera yo almacenar más pescados de lo que hago ahora?
- Si tienes más pescados puedes vender más y obtendrás más dinero.
- ¿Y para qué quisiera yo más dinero?
- Con más dinero puedes comprar otro bote y tener a alguien trabajando para ti.
- ¿Y de que me sirve tener a alguien trabajando para mí?
- Si tienes a alguien trabajando para ti puedes distribuir tu pesca en los mercados y así empezar tu pequeña empresa.
- ¿Y por qué quiero yo tener una empresa?

- Con una empresa en la que tengas una flota de barcos trabajando para ti, pudieras crecer cada vez más convirtiéndote en una de las principales compañías de pesca del país.
- ¿Y en qué me beneficiaría ser una de las mayores compañías de pesca del país?
- Cuando ya seas una empresa bien estructurada con varios barcos pesqueros trabajando para ti, te puedes expandir a otros países y convertirte en un exportador de pescados para el mundo entero.
- ¿Y qué lograría yo convirtiéndome en el dueño de una empresa exportadora de pescados?
- Bueno… Cuando seas el dueño de una empresa mundial lucrativa que funciona por sí sola, te puedes tomar un mes entero para irte a una isla a pescar en tu yate y "desconectarte del mundo" como lo estoy haciendo yo.
- ¿Y acaso no es eso lo que hago yo todos los días de mi vida?

Este escape que muchos buscamos al trabajo, al estar "conectados" constantemente con el mundo en el que vivimos, a las exigencias y condiciones que nos impone la sociedad actual… Este escape que tanto anhelamos no solo es alcanzable retirándonos a un lugar recóndito o yendo a uno de esos spas que el mercadeo nos implantó en la cabeza como el lugar de relajación. No. Ese escape que tanto anhelamos nos los da Di-s todas las semanas de nuestras vidas y ese escape y descanso es *Shabat*.

> *Para reflexionar:*
>
> *¿Nunca has pensado cómo cambiaría tu vida, tu actitud, tu energía, tanto física como mental, si todas las semanas tienes un "break" de la rutina, las noticias y los medios de comunicación?*

¡Hoy cenamos Blintzes!

Se aproximaba la festividad de *Pesaj*, por lo que todos los compañeros del *shiur* queríamos aprender más sobre esta festividad. El Rabino, después de decir unas palabras de la importancia de *Pesaj*, las aplicaciones que tiene en el presente (y que no es un simple recuerdo de nuestros antepasados) y algunos otros aspectos de la grandeza de esta festividad, continuó hablándonos de algunos detalles importantes de la noche del *Seder* y los pasos a seguir.

Los que hemos participado alguna vez en un *Seder*, nos hemos podido dar cuenta que hay muchos detalles y especificaciones que tener en cuenta, un orden específico que seguir, comer ciertos tipos de comidas. Es decir, no es sólo comer y narrar la salida de Egipto.

Para muchos en el *shiur* esto era un poco confuso y hasta irrelevante, ya que sostenían que lo importante de *Pesaj* era únicamente recordar la salida de Egipto y no comer pan. Todo lo demás era una exageración y no era importante o, como decía un amigo "puro *business*". El Rabino relató un cuento para que entendiéramos mejor la importancia de todos estos detalles:

> Cuentan que en Inglaterra un señor muy pobre escuchó en la sinagoga a los ricos hablar de una deliciosa comida: *Blintzes*. Semana tras semana, escuchaba a estos ricos hablar de lo sabroso e irresistible que eran los *Blintzes* que hacían sus esposas.
>
> Un día el señor no aguantó más y le dijo a su esposa:
>
> — Amor… ¡Hoy cenamos *Blintzes*! Todo el mundo habla de la delicia que son y yo ni los he probado…
> Mi vida, los *Blintzes* llevan huevos y nosotros somos muy pobres y no tenemos dinero para comprar huevos…
> — Bueno qué importan los huevos… No le pongas huevos.

- ¡Pero mi vida! los *Blintzes* llevan bastante azúcar y nosotros sólo tenemos un poco de azúcar para tomar el té…
- ¿Azúcar? La azúcar no importa, no le pongas y ya.
- ¡Pero mi vida! Los *Blintzes* llevan mermelada y la mermelada es muy costosa…
- ¿Mermelada? La mermelada también puede faltar, no le pongas mermelada.

Sin saber qué iba a salir, así hizo la esposa: cocinó los *Blintzes* sin huevos, sin azúcar ni mermelada y los sirvió en la mesa.

¡Por fin el señor iba a probar los famosos *Blintzes*! Con mucha emoción se sentó en la mesa, agarró uno del plato, se lo llevó a la boca y exclamó…

- ¡Qué asco! No entiendo cómo a estos ricos le puede gustar algo tan desagradable…

Aprendimos de esta historia que, similarmente al quitarle los ingredientes a una receta el resultado no es el deseado, de la misma manera es con las *Mitzvot*: si le quitamos los detalles e ingredientes en los que consiste, terminaremos desaprovechando la *Mitzvá* y perderemos su sentido, belleza y esencia.

Para reflexionar:

Es verdad que hay muchos detalles y reglas en el Judaísmo… ¿Piensas que sería mejor si Di-s nos hubiese dado una única Mitzvá? Yo pienso que se parecería a una relación entre dos personas donde tengan sólo una cosa que compartir.

No sé qué tanto habrán aprendido sobre el Judaísmo de mí, pero algo pudieron apreciar

En ciertas comunidades la tradición y observancia del Judaísmo ha ido disminuyendo en los últimos años. Puede ser por la falta de educación o por el continuo avance tecnológico que distrae y ocupa[179] a las personas, dejándolas sin tiempo para reflexionar y pensar[180] sobre temas espirituales y sublimes. Sin embargo, creo que la explicación que trae un Rabino en nombre de uno de nuestros Sabios[181] esclarece la comprensión de esta crisis de valores:

> Cuando *Noaj* baja del arca al concluir el diluvio, cuenta la *Torá* que "bebió del vino y se embriagó"[182]. De una manera muy superficial, pareciera que lo primero que hizo *Noaj* al bajar del arca fue algo totalmente bajo y mundano, cuando cualquiera se esperaría una acción elevada y santa en agradecimiento que se acabó el diluvio o pidiendo que nunca volviera a ocurrir.
>
> Explica el *Sfas Emes*[183] que *Noaj* se tomaba una copa de vino todos los días antes de que ocurriera el diluvio. Ahora que había terminado estaba haciendo lo mismo, por lo que no estaba haciendo nada que no había hecho

---

179 El uso indiscriminado del celular a toda hora, las series de TV que te mantienen "pegado" a ella horas y horas, estar al tanto de las noticias 24 horas al día y los juegos del Ipad y del celular que son tan adictivos… No permiten que nos tomemos un tiempo para pensar y reflexionar.

180 ¿Con qué frecuencia nos detenemos y nos sentamos a pensar cómo podemos ser mejores hijos, hermanos o parejas…?

181 Rabbi Abraham J. Twerski, *Twerski on Chumash*, (Brooklyn, Shaar Press, 2003), pp. 33-34.

182 Génesis 9:21

183 Yehuda Aryeh Leib Alter, conocido como el Rebbe de Ger, 1847-1905.

antes. Entonces, ¿qué fue lo que ocurrió? Lo que *Noaj* no sabía es que después del diluvio el mundo era otro. Había cambiado por completo, tanto en el exterior como en el interior. Es por ello que cuando tomó la misma copa de vino como hacía siempre, ésta sí hizo que se embriagara porque el vino ahora era diferente y la cantidad que antes no embriagaba, ahora sí lo hacía.

El Rabino Twerski trae esta explicación para advertir que los padres que quieran que sus hijos sean igual a ellos, es decir, que por lo menos cumplan y respeten lo que ellos respetan, no pueden copiar y transmitirles a sus hijos lo mismo que ellos recibieron y vivieron de sus padres porque el mundo en el que vivimos ¡es un mundo nuevo![184]

Hay una historia que me impresionó muchísimo y creo que resalta uno de los mayores problemas por los que pasa hoy en día el Pueblo Judío. Esta historia salió en un artículo de periódico de Israel, donde un Judío cuenta lo siguiente:

Yo no soy un Judío religioso, pero crecí viendo a mi abuelo que sí lo era. Vi cómo decía el *Kidush* de *Shabat* y cuánto significaba para él; también vi como celebraba *Rosh Hashana* y *Yom Kipur*; me habló de *Torá* y me contó historias de los Judíos a lo largo de la historia.

Mis hijos no conocieron a mi abuelo, pero sí a mi padre. Mi padre tampoco era un Judío religioso pero fue criado y educado por mi abuelo. Por lo tanto, mis hijos pudieron apreciar algunas de las *Mitzvot* que aprendió de mi abuelo.

Mis nietos, no conocieron a mi padre y menos a mi abuelo… Ellos me conocen a mí. Yo no soy un Judío

---

184 Internet, las redes sociales y la televisión cada vez tienen más influencia sobre los jóvenes. En donde no solamente la información y las ideas están corrompidas, sino que hoy en día todo está al alcance de una llamada o un video.

religioso, pero por lo menos, me acuerdo de mi abuelo cumpliendo las *Mitzvot* y estudiando *Torá*. No sé qué tanto habrán aprendido sobre el Judaísmo de mí, pero algo pudieron apreciar…

Pero el problema no son ellos… ¿Qué será de sus hijos, mis bisnietos, que ni siquiera me verán a mí?

Para reflexionar:

¿Qué tan apegados a tus valores y creencias imaginas a tus futuros nietos y bisnietos?

La Torá y las Mitzvot son importantes,
pero no te puedes volver loco y ser un extremista

Recuerdo que un día hablando con un buen amigo sobre la importancia de respetar y cumplir con las *Mitzvot* (cosa con la que él estaba de acuerdo), no dejaba de repetirme, una y otra vez que, "…la *Torá* y las *Mitzvot* son importantes pero no te puedes volver loco y ser un extremista…"

Yo también pensaba lo mismo. No solo eso, también creía que algunas *Mitzvot* exigían actitudes extremas (que más adelante me daría cuenta que, "curiosamente", involucraban dejar de hacer algo que me gustaba o comenzar a hacer otra que implicaba mucho esfuerzo). Pero en una oportunidad me pregunté: ¿Que sería un extremo? O mejor dicho, ¿cómo se definiría "estar en el medio"?[185]. Con el tiempo me di cuenta que mi error era por falta de información o, en la mayoría de los casos, por no tener la información correcta[186].

El Rabino nos contó esta historia como demostración que el tema de los "extremos" es subjetivo si se deja al criterio de cada persona:

Una joven de un pequeño poblado descubre, a sus 22 años de edad, que es Judía. La joven había quedado

---

185 Una persona me dijo una vez:

—Yo creo en Di-s, la *Torá* y que hay que cumplir *Mitzvot*, pero creo que no hace falta llegar a los extremos…

—Tienes razón… Pero te voy a hacer una pregunta: está escrito que hay que estudiar *Torá*, ¿no estudiar nunca no es un extremo? También está escrito que hay que ponerse *Tefilín*, ¿no ponérselos ni un día no sería un extremo?

186 Como por ejemplo:

a. Pensaba que la razón por la que no se podía comer cerdo es porque no era saludable;

b. que el descanso de *Shabat* era meramente físico entonces lo que estaba prohibido era sudar y cansarse;

c. que los *Tefilín* se ponían para dar "un orden" en tu día;

d. que la *Matzá* en *Pesaj* se come únicamente para recordar la salida de Egipto.

huérfana de madre cuando era muy pequeña y su padre, que no era Judío, prefirió ocultarle esta información.

Se tomó un tiempo para pensar qué hacer con el hecho de ser Judía, pues había vivido toda su vida según otras normas y costumbres y no quería tomar una decisión apresurada.

Pensó que lo más sensato era averiguar de qué se trataba el Judaísmo. Unos meses después de estar estudiando, decidió que este era el camino que ella quería seguir en su vida. Su padre, un poco molesto y preocupado, aprobó esta decisión con la única condición que, hiciera lo que hiciera, nunca llegara a los extremos:

— Tú quieres cumplir, estudiar, rezar… Puedes hacer lo que quieras, pero eso sí, sin llegar a los extremos.

La joven aceptó y recibió de buena gana la condición de su padre. Continuó sus estudios y cumplió cada vez más *Mitzvot* de la *Torá*. Cuando creyó que era oportuno cuidar el *Kashrut*, su padre no tardó en recordarle la condición que había acordado respetar:

— ¿Cómo que no vas a poder comer más en restaurantes conmigo y tu familia? Realmente que eso me parece un extremismo innecesario… Pero haz como quieras. Eso sí te digo, no voy a cambiar nada de mi casa por tus locuras.

Sin más remedio la joven buscó la manera de cumplir el *Kashrut* sin afectar a su padre, mientras le explicaba las razones de cuidar esta *Mitzvá*. El padre, finalmente, la respetó.

Un tiempo después, la joven quería respetar *Shabat*. Cuando su padre se enteró, volvió a recordarle el acuerdo:

— Entiendo que haya que descansar, pero ¿no te parece que es un extremismo que no puedas usar el celular? Eso no genera ningún cansancio. Realmente eso sí que no hace falta hacerlo…

Después de varios meses tratando de explicarle al padre todas las razones y explicaciones que hay de las leyes de *Shabat*, su padre tuvo una mayor aceptación a pesar de sus diferencias.

Pero fue cuando la joven tuvo un hijo varón y envió las invitaciones para el *Brit Milá* que no lo soportó más:

— ¿Cómo que le vas a cortar una parte del cuerpo a tu hijo? ¿Cómo no ves la locura que estás por cometer? ¿No habíamos quedado que no ibas a llegar a los extremos?

La mayoría de los Judíos, independientemente de si cumplen con las *Mitzvot* o no, le hacen el *Brit Milá* a su hijo, tal cual como establece Di-s en la *Torá*. ¿Pero acaso no hay algo más "extremista" que hacer sufrir a un niño y cortarle una parte de su cuerpo? Aún así, no muchos dirían que el que hace esta *Mitzvá* es un extremista.

Me gustó tanto esta historia y me pareció tan adecuada que una vez que estaba con un amigo que sostenía que él sólo cumplía las cosas de la *Torá* que tuvieran lógica y sentido. Le pregunté que, de tener un hijo varón, le haría *Brit Milá*:

— ¡Claro!—Respondió sin titubear —¡Por supuesto que le haría *Brit Milá* a mi hijo!

— ¿Por qué? ¿Cuál es la lógica de esta *Mitzvá* si el niño ni sabe lo que está pasando?[187] —Volví a preguntar

Por unos segundos se detuvo a pensar. Creo que no se había planteado nunca esta pregunta, a pesar de tener "clara" la respuesta.

— Porque es una tradición que toda mi familia ha hecho por generaciones —Dijo, bien orgulloso de su respuesta.

— ¿Me estás diciendo que le vas a cortar una parte del cuerpo a tu hijo, lo vas a poner en una situación

---

187 Si la explicación lógica es que estás haciendo un pacto con Di-s… ¿Dónde están las palabras? ¿Qué lógica tiene que el hecho de cortar una parte del cuerpo signifique que estás haciendo un pacto?

de riesgo en la que va a sangrar y llorar, solo por una tradición que ha seguido tu familia por años? —Pregunté— Tú que estás en contra de todos los "rituales" y "exageraciones" que hacen los ortodoxos, ¿vas a cortarle… a tu hijo? ¡Tú lo que eres es un extremista! —Dije irónicamente.

Mi amigo no dijo nada más, pero pude ver en su cara por el conflicto intelectual por el que pasaba: llevaba años criticando a los Judíos observantes por practicar costumbres y mandamientos "extremistas" sólo porque "Di-s lo dijo" y ahora él estaba afirmando que, de presentarse la oportunidad, haría algo igual.

A un hombre se le cae una *Mezuzá* en *Shabat* y va rápido a donde el Rabino:
—Rabino, necesito que me ponga la *Mezuzá* de vuelta…
—Dice desesperado.
—Hoy no puede ser porque en *Shabat* no se puede cargar un artículo de un lado a otro —Responde el Rabino para explicarle— Además, no se puede fijar algo en *Shabat*… Tendrá que ser mañana…
—¡¿Qué?! —Exclama angustiado el hombre— ¿Por unas leyes tan anticuadas de *Shabat* voy a tener mi casa desprotegida?"

Para reflexionar:

Muchas cosas hacemos todos los días sin saber exactamente cómo funcionan (como los medicamentos y los aviones) pero aun así las aceptamos porque confiamos en los expertos… ¿Cumplir un Mandamiento Divino sin saber exactamente cómo funciona, es tanto más insensato?

Yo lo que hago es estudiar Torá

Todos los días al salir del trabajo iba a estudiar *Torá*. En una oportunidad, ya estando muy cerca a la sinagoga, doblé en el semáforo cuando un policía me pasó por al lado haciéndome señas para que me detuviera.

- Licencia, cédula, papeles del carro y certificado médico. —Me pide el policía.
- Cómo no oficial… ¿Cuál es el problema si se puede saber? —Le pregunté y me bajé del carro con mi *Kipá*[188] puesta.
- ¿Tú no sabes que hiciste un cruce ilegal? —Dice el policía— Ahí en el semáforo no se puede cruzar a la izquierda.
- ¿Cómo no se va a poder cruzar si está pintada una flecha en la calle? —Dije un poco molesto.
- No bueno esa flecha está mala —Explicó el policía —Se equivocaron y nunca la pintaron como debe ser.
- ¿Y eso es mi culpa? —Pregunté defendiéndome —¿Estoy siguiendo las señalizaciones de tránsito y me van a multar? No entiendo…
- No lo vamos a multar —Dijo el policía— Sólo va a venir con nosotros a El Valle y ahí le van a dar una clase de dos horas para explicarle por qué lo que hizo está mal.

Por mi experiencia en Venezuela sabía que lo que quería este policía era asustarme y tratar de sacarme algo de dinero, pero como yo no había hecho nada ilegal, no le iba a dar nada. Por otro lado, sabía que de no darle nada, me iban a tener un buen rato tratando de extorsionarme.

---

188 Pequeña gorra empleada para cubrir parcialmente la cabeza, usada tradicionalmente por los varones Judíos.

Entonces se me ocurrió una idea para salir de esta situación[189]:

- Oficial yo estoy yendo a la sinagoga a rezar y no puedo ir para El Valle —Dije muy tranquilo— Oficial… ¡Yo lo que hago es estudiar *Torá*!… Seguro lo conoces como "El Antiguo Testamento", donde está la palabra del Todopoderoso.
- ¿Y en qué trabajas tú? —Me preguntó.
- Me dedico a hacer muros. Soy un supervisor —Dije para que se le fuera de la cabeza quitarme dinero— Pero en verdad me dedico al estudio de la *Torá*. Esa es mi vida. ¡Mire!…

Entré en el carro y saqué un libro de rezos en el que había anotado algunas preguntas en la hoja de atrás…

- ¡Mire! —Le mostré las preguntas escritas —Lo que hago es estudiar la Voluntad de Di-s, aspectos sobre el alma, la espiritualidad del hombre…
- ¡Ahhh! —Exclamó el policía muy confundido con lo que estaba ocurriendo— Bueno… Está bien. Vete, no hay problema…

Y mientras me dirigía hacía mi carro para subirme e irme gritó:

- ¡Pero mira!… ¿No tienes por ahí un libro que dejarme para estudiar algo de eso?…

Llegué a la sinagoga y le conté esta historia al Rabino que exclamó: "¡Qué increíble que haya personas de otra religión que aprecien más nuestros libros que algunos Judíos!"

<hr>

Para reflexionar:

¿Es tan difícil confiar y apoyarnos un poco más en Di-s?

---

189 Por el éxito que tuve la he aplicado varias veces.

¿Cómo que barajitas de Rabinos?

Un día durante el estudio entre *Minjá*[190] y *Arvit*[191], mi *Jabruta*[192] me dice:

- ¿Sabes que hay unas barajitas de Rabinos? —Comenta con emoción.
- ¿Cómo que barajitas de Rabinos? —Pregunté muy asombrado. No entendía de qué me estaba hablando.
- ¡Sí! —Me respondió con una sonrisa en la cara —Barajitas de Rabinos. Con álbum y todo. Igual que las barajitas de los mundiales de fútbol.
- ¡No te creo! —Exclamé mientras me reía.

Mi *Jabruta* llamó a su sobrinito para que me mostrara las barajitas. La verdad es que no lo creía. Me parecía muy gracioso que alguien hubiera hecho algo así. Mi amigo, después de que las vi, agarró tres y me las dio.

Después de unos segundos con las barajitas en la mano pensé: "¿Qué hago ahora con estas barajitas?". Le pregunté y me dijo: "Pégalas en tu corcho o guárdalas en tu billetera". Como no las iba a poner en mi corcho, pensé que tenerlas en mi billetera no podía ser una mala idea.

Al día siguiente mientras trabajaba fui un momento a la panadería a tomar un jugo. Cuando volví y terminé la labor que me correspondía, me percaté que no tenía conmigo la billetera. Busqué por todas partes, le pregunté a los obreros, al vigilante… Nadie la había visto. Ofrecí que si alguien la había encontrado se quedara con el efectivo, pero que devolviera los documentos, ya que en Venezuela se requiere de un proceso muy engorroso para conseguirlos de nuevo… Pero de todas maneras, no apareció.

---

190 Plegaria de la tarde.
191 Plegaria de la noche.
192 Pareja de estudio.

Corrí a la panadería a ver si la había dejado allí:

- Señorita, ¿no encontró una billetera? —Pregunté sudando y nervioso.
- No… Acá no he visto nada —Respondió mientras buscaba con la mirada a su alrededor.

En fin, la billetera no apareció. Se me había perdido[193]. Sin más remedio llamé al banco para cancelar las tarjetas de crédito. Con respecto a los demás documentos, ya no había nada que hacer. En ése preciso momento recordé que había guardado las barajitas de los Rabinos el día anterior. ¡No podía ser! Justamente el día anterior las había metido en la billetera.

Muy molesto y resignado, dije: "Di-s… Sé que es mi culpa que se haya perdido la billetera, pero justo ayer metí las barajitas de los Rabinos… ¡Ayer! ¿Cómo se me va a perder la billetera otra vez…?"

Con mucha rabia por dentro, fui a mi oficina a sentarme y calmarme. No podía creer que había vuelto a perder la billetera. En eso, recordé que hacía unos pocos días el Rabino habló sobre cómo es Di-s el que maneja el mundo, que todo lo que pasa está controlado por Él y que todo lo que le pasa a cada persona es por su bien. Así que me dije que esto que había pasado por algún buen motivo era. "… Pero Di-s… Yo sé que todo lo que pasa es para bien, pero, ¿cómo perder una billetera va a ser algo bueno?". Entonces pensé, tratando de auto-convencerme, "…Quizá cuando vaya a sacarme la cédula de identidad o la licencia para conducir mientras esté en la fila[194], conozca a una muchacha que sea con quien me case… O quién sabe, capaz hago un contacto para el trabajo…" ¡Algo me tenía que inventar!

Si les soy sincero, no me creía a mí mismo. La verdad es que estaba muy molesto por el hecho de haber perdido mi billetera otra vez.

---

193 Tengo que confesar que más de una vez se me ha perdido la billetera, las llaves de la casa, del carro y el celular. Es más, no hacía más de 3 meses que se me había perdido otra billetera… ¡Esta billetera no tenía casi nada de uso! Era tan grave mi problema, que le pedí una recomendación al Rabino. Sugirió que en mis rezos le pidiera a Di-s que me ayudara a no perder las cosas… Y así estaba tratando de hacer.

194 Que en Venezuela son de varias horas.

Unas tres horas después sonó mi celular:

- Buenas tardes —Dije con una voz tranquila.
- ¿Si, Michel Kohn? —Preguntó una voz femenina.
- Si soy yo… —Dije sin saber qué esperar.
- Lo estoy llamando de la agencia del Banco Banesco ubicada en San Bernardino. Nos dejaron su billetera acá —Dijo la señora —Puede pasar a retirarla cuando quiera.

Me quedé mudo. No lo podía creer. ¿Alguien fue capaz de devolver la billetera? ¿Quién se iba a tomar la molestia de llevarla desde La Candelaria hasta San Bernardino?[195]

Llegué al banco y efectivamente tenían mi billetera (sin el efectivo como era de esperarse). Lo primero que hice fue buscar las barajitas de los Rabinos y al verlas pensé: "¿Será que la persona agarró la billetera, empezó a revisarla y cuando vio las barajitas de los Rabinos se dijo: "¡De ninguna manera me meto en este problema! Mejor devuelvo la billetera…"?

No sé si ocurrió así, pero existe la posibilidad de que haya pasado exactamente eso… Solamente Di-s sabe qué es lo que realmente pasó.

> *Para reflexionar:*
>
> *Imagina lo bien que se sentiría tener la total certeza de que Di-s controla todo…*

---

195 La Candelaria y San Bernardino son dos urbanizaciones de Caracas completamente retiradas una de la otra.

¿A qué hora rezaste tú en Shabat?

Un viernes por la tarde llegué a mi casa para prepararme para *Shabat*. Bajé a darle un beso a mi madre cuando me hizo una pregunta que no me esperaba:

- ¿Qué número de *Tehilim* (Salmos) tiene que decir una persona que está enferma y lo van a operar? —Preguntó tristemente.
- ¿A quién van a operar? —Pregunté preocupado.
- Al suegro de un amigo y me pidió que te pregunte —Respondió mi madre con cara triste— Tiene dos semanas hospitalizado y ahora le tienen que amputar un pie y quiere rezar antes de la operación.
- ¡¿Qué?! —Exclamé con sorpresa— ¡No puede ser! ¿Qué le pasó?— Mientras un conmovedor pensamiento llenó mi cabeza: "Una persona está por perder un pie y todavía confía en Di-s. ¡Eso se llama creer!"
- Se le infectó el pie la semana pasada y los doctores dicen que hay que amputar el pie, porque sino se le puede esparcir la infección por toda la pierna y después puede ser peor… —Aclaró mi madre muy preocupada.
- Bueno, Mami, la verdad es que no sé muy bien cuál *Tehilim* debería decir, déjame preguntarle al Rabino — Le dije mientras agarraba el celular —Te aviso cuando me responda. Me voy a ir bañando que falta poco para que empiece *Shabat*.

Subí a mi cuarto pensando: "Le tienen que amputar un pie al señor… ¡Qué nivel de creencia hay que tener para rezarle a Di s en una situación así!"

Para cuando terminé de vestirme, tenía la respuesta del Rabino:

- Tiene que decir un *Tehilim* adicional a la cantidad de años que tiene —Le dije a mi madre para que se lo dijera a su amigo —Y cuando hables con él pregúntale su nombre en hebreo para rezar por él en la sinagoga.

—	OK, ya le digo —Respondió mientras escribía en el celular.

Seguí preparándome para *Shabat*, aunque no con la misma alegría de siempre… Antes de salir, mi madre me dio el nombre del señor y con esta preocupación me fui a la sinagoga.

Luego de un *Shabat* pleno de descanso, tranquilidad, aprendizajes, de haber comido de todo lo bueno, entre otras cosas… Llegué a mi casa y cuando fui a saludar a mi madre, me dijo:

—	¡Michel! ¿A qué hora rezaste tú en *Shabat*? —Preguntó muy entusiasmada.

—	Ayer como a las 6:30 pm y hoy a las 8:30 am y 5:30 pm, ¿por…? —Pregunté sorprendido, ya que no sabía a qué venía la pregunta.

—	¡Ya no van a amputarle el pie! —Exclamó mi madre muy contenta.

—	¿Qué? ¿En serio? ¡No lo puedo creer! —Grité sumamente contento— ¿Cómo fue? No entiendo…

—	Sí mi vida, qué alegría… Resulta que apareció una doctora ayer en la noche que dijo que no era necesario amputarle el pie si no que le van a hacer otro tratamiento.

Si esta historia hubiera ocurrido en otro momento de mi vida seguramente hubiera pensado que todo fue casualidad y que era una increíble coincidencia. Pero después de todo lo que he vivido, aprendido y reflexionado desde que entendí que Di-s existe hasta este momento, sé que el que haya "aparecido" una doctora no es una circunstancia azarosa de un mundo que se desenvuelve espontáneamente solo y que justo en el momento preciso[196] "apareció" una doctora no es

---

196 Después del único día de las dos semanas que estuvo hospitalizado en donde el señor leyó *Tehilim*.

"una increíble coincidencia"… De modo que se puede decir que ese "apareció" es una de las maneras de como Di-s conduce el mundo[197].

Esta historia me pasó a mí, pero ¿cuántas historias como esta no hemos escuchado de diferentes personas a lo largo de nuestras vidas? ¿Cuántas no nos han pasado a cada uno? Sólo que, lamentablemente, la mayoría de las veces creemos que son casualidad o una "increíble coincidencia". Pero ésta me ocurrió a mí y, en esta ocasión, no podía negar que lo que había sucedido había sido un milagro.[198]

> *Para reflexionar:*
>
> *¿Por qué en los momentos difíciles es que uno busca la ayuda de Di-s y mientras todo está bien no lo tenemos en mente?*

---

197 Di-s maneja el mundo de una manera "natural" y "escondida", por eso solamente el que lo está buscando es el que lo puede encontrar.

198 Con esta historia no pretendo afirmar que *mis* rezos cambian situaciones… Los rezos de *todos* cambian situaciones.

¡Hay que ir a Machu Picchu!

En unas vacaciones varios amigos y yo decidimos ir a Israel a estudiar durante tres semanas en una *Yeshivá*. Quisera contar con lujo de detalle lo espectacular y grandioso que fue el viaje, lo que aprendí, pensé, reflexioné, sentí y más, pero no es el propósito de este libro.

Sentí que, en esas semanas logré tomar provecho de mi tiempo. Pude percibir lo que es la dedicación completa al estudio de la *Torá* y el cumplimiento de las *Mitzvot*. Pero, lo que más me maravilló fue ver con la felicidad que disfrutan los que han decidido seguir este camino.

Conocí un mundo que no sabía que existía, un mundo que creía imposible, un mundo en el que lo que realmente importa prácticamente son sólo dos cosas: acercarse a Di-s y hacer sentir bien al otro. ¡Era increíble! Todos y cada uno tenían un especial cuidado en hacer que los demás se sintieran cómodos, que no le faltara nada a nadie, que todos la estuvieran pasando bien. Incluso si eso requería dejar lo que ellos estaban haciendo o si tenían que poner a un lado sus planes para hacer un tiempo y poder dedicarse a las necesidades de otro.

Pero lo que más me impresionó fue que en ningún momento alguien utilizó una mala palabra o pronunció un insulto y absolutamente nadie comentó algo sobre otro sin que éste estuviera presente. Por el contrario: todas las palabras eran para compartir alguna enseñanza, una idea o pensamiento de la vida o simplemente pasar un buen rato hablando y riendo sanamente.

La otra parte del día es dedicada al estudio (cosa que no se puede explicar en palabras, hay que vivirlo…) y a crecer como persona, mejorar las cualidades y subsanar los defectos, conocer más a Di-s y ayudar a los demás. Sinceramente, un mundo que no conocía[199].

---

199 Si faltaban vasos en el bebedero alguien iba a buscar un paquete nuevo para que cuando otro viniera, tuviera un vaso disponible y no perdiera su tiempo

La experiencia estaba siendo única y extraordinaria, pero sin esperarlo, un día invadió mi cabeza un pensamiento muy perturbador: "¿Cómo yo, a mis 25 años de edad, voy a escoger ir por este camino y cumplir con la *Torá*, con todo lo que ya he hecho? Yo ya estoy muy tarde…"

Aunque seguí estudiando, aprendiendo y disfrutando, no me podía sacar esta pregunta de mi cabeza. Una noche de *Shabat*, ya estando por acostarnos, empezamos a compartir historias de nuestras vidas. Recuerdo con mucha emoción una historia que me impactó fuertemente y me sirvió para comprender un poco más qué es lo que quiere Di-s de mí y qué debía hacer para responder esa pregunta que me tenía tan inquieto:

> Mi amigo Yoel y unos amigos decidieron hacer un viaje por América del Sur. Su viaje empezó en Ecuador y después de unos días tomaron un avión para Perú. En Lima, visitaron los lugares más emblemáticos y, por supuesto, los más divertidos también. Pero él y sus amigos, tenían algo bien claro: nada de eso bastaba, "¡había que ir a Machu Picchu!".
>
> Tomaron un avión para Cusco donde les recomendaron ir a la estación de tren para comprar los boletos. Consiguieron una "ganga" que incluía los pasajes y el cuarto de hotel por un buen precio. Entusiasmados, fueron a montarse en el tren, pero… ¡los habían estafado! Y como se trataba de un viaje de "mochileros" no les sobraba el dinero como para comprar otros boletos.

---

buscando un paquete; nadie agarraba otro pedazo de torta hasta asegurarse que todos hubieran comido; habían veces que llegabas al cuarto y tu cama estaba hecha "mágicamente"; si alguien se paraba a buscar agua, no solo traía su vaso, sino que traía todos los que le cupieran en la mano para darle a los demás; cuando uno tenía que llevar algo a la tintorería o iba a comprar algo en el mercado, avisaba a todos para ver si alguien necesitaba algo… Estas son sólo unas de las muchas cosas a las que yo no estaba acostumbrado.

El tren salió hacia Machu Picchu junto con su ilusión. Parecía que no iban a cumplir con el sueño de conocer este simbólico lugar. Pero el deseo que tenía Yoel de ir a Machu Picchu era tan grande (ese había sido el motivo principal del viaje) que les insistió a sus amigos en ir y utilizar el dinero que les quedaba sacrificando los otros destinos. Al final, todos estuvieron de acuerdo.

El tren salía al día siguiente en la mañana. Esa noche durmieron contentos porque cumplirían con el objetivo del viaje… ¡Ir a Machu Picchu!

A la mañana siguiente, Yoel y sus amigos se quedaron dormidos. Cuando despertaron y vieron la hora, se dieron cuenta que solo faltaban 5min para que saliera el tren y no había manera de que lo alcanzaran, pero de todas maneras hicieron el intento.

Llegaron a la estación y, por supuesto, el tren ya había salido. ¡No lo podían creer! Una vez más habían perdido la oportunidad de ir a Machu Picchu. Pero no se acaba ahí: para su sorpresa, un lugareño les informó que el tren paraba en una ciudad a 30 min de Cusco y que si tomaban un taxi lo podían agarrar en la próxima estación utilizando el mismo boleto. Se les iluminó la cara con esta posibilidad, solo que, tenían que pagar extra por el taxi… Decidieron que sí lo harían.

Llegaron a la siguiente parada y… ¡no estaba el tren! "No lo puedo creer" gritó Yoel desesperado. Cuando el encargado de la estación los escuchó mientras decidían qué hacer, les dijo que el tren acababa de salir y que si se trasladaban rápido lo alcanzarían en la próxima estación que quedaba a una hora de allí.

No sabían cómo actuar, pero tenían que tomar una decisión de inmediato. ¿Pero qué podían hacer? Ya habían pagado mucho más de lo previsto: un pasaje de más, hotel, el taxi hasta allí… ¿y ahora iban a pagar otro taxi más? Ya era mucho… Pero las ganas de ir a Machu Picchu eran tan grandes que no podían abandonar y rendirse ahora, después de tanto y tan cerca… Así que se montaron en el taxi con rumbo a la siguiente estación.

En el trayecto con ese hermoso paisaje, se olvidaron todas las penas y dificultades que tuvieron que sufrir. Había sido sumamente difícil y complicado, pero estaban en el camino correcto. En eso, sin explicación alguna, un carro los alcanzó en la carretera y la conductora les dijo, sin razón aparente, que no había manera de que alcancen el tren en la siguiente parada. "¿Qué hace esta tipa diciéndonos esto? ¿Quién es y cómo sabe lo que estamos tratando de hacer?"[200]. Evidentemente, todos dudaron si continuar con el trayecto e intentar alcanzar el tren, pero ya habían llegado tan lejos y se habían esforzado tanto… ¿cómo iban a rendirse a estas alturas?

Pasada casi una hora después del inexplicable cruce con el carro en medio del camino, Yoel y sus amigos llegaron a la estación y con una entrada espectacular… lo hizo también el tren.

Al concluir esta maravillosa historia, Yoel compartió el mensaje que él mismo había aprendido de esta travesía:

A veces sentimos que se nos va el tren. Que ya se nos hizo tarde para montarnos. No solo parece, sino que creemos que es así… "A mí no me tocó… Eso es para otros…"

Pero a pesar de que "ya se fue el tren" lo podemos agarrar en la próxima parada. Quizá hay que pagar el precio para poder alcanzarlo, puede ser un poco caro, pero haciendo el esfuerzo y teniendo la voluntad, podemos montarnos en el tren.

---

200 Recuerdo que la cara de Yoel contando esta parte de la historia era genial.

…Y a veces eso es lo que quiere Di-s de nosotros, que superemos los obstáculos y retos que hay en el camino, que nos esforcemos y luchemos y que nos montemos en el tren que, tanto en el camino como en el destino, está la felicidad.

Esta historia realmente me inspiró mucho y más aún el mensaje. Traté de dormir, pero no podía dejar de repasarla en mi cabeza. "¡Que buena historia!" Y tanto pensar y reflexionar en ella, entendí que, de la misma manera, todavía podía "montarme en el tren". Quizá no había iniciado el recorrido en él, pero de seguro, lo podía terminar adentro.

Hasta el día de hoy lucho con esta idea de que estoy tarde, que crecí "en otro mundo", que esto y que aquello… Pero viendo hacia atrás sobre mis propios pasos, comprendo que sí se puede optar por el camino de acercarse a Di-s teniendo cualquier edad y sin importar lo que haya hecho en el pasado.[201]

Esta otra historia también me ha llevado a la misma reflexión:

> Durante toda su vida el zapatero del pueblo solamente había cumplido con la *Mitzvá* de *Tefilín*. Sabía que existía Di-s y que la *Torá* era verdad, pero él cumplía, únicamente, con esta *Mitzvá*.
>
> Un día llegó su hijo muy preocupado a su casa: queriendo hacer algo bueno por su padre, llevó a revisar los *Tefilín*, y para su gran sorpresa y desilusión, no cumplían con las especificaciones necesarias. ¿Cómo le iba a decir esto a su padre? La única *Mitzvá* que hacía no la estaba haciendo de la manera correcta.
>
> Sin más remedio, se lo dijo ofreciéndole que él los llevaría a arreglar… Para su asombro, ocurrió lo que

---

201 En el Tratado Talmúdico *Berajot* (34b) dice: "En el nivel donde los *Baalé Teshuvá* se alzan, no pueden estar los *Tzadikim*". Y agrega Maimónides que el nivel de los primeros es inclusive más alto que el de aquellos que nunca pecaron. Rabí Moshé ben Maimón (Maimónides), *Mishné Torá Hashalem*, (Israel, Editorial Chazak, 2010), p. 154, Cap. 7, Inciso 4.

menos se esperaba: su padre se emocionó y se puso sumamente contento. Lleno de intriga y curiosidad el hijo le pidió una explicación de su reacción porque, según él, tenía que ponerse triste. A lo que el padre respondió:

"¡¿Cómo me voy a poner triste si ahora sé que voy a empezar a hacer una *Mitzvá* como debe ser?!"

> *Para reflexionar:*
>
> *¿Qué es lo peor que puede pasar si empiezas a cumplir un Mandamiento de Di-s?*

REFLEXIÓN DE CIERRE

…Y muchos ni siquiera lo están buscando

Muchas fueron las veces que me sentí inspirado, me conmoví o me motivé al escuchar una historia o una anécdota de otra persona, pero se quedaron allí, en historias… No tuvieron una continuación en mi vida. Fueron sólo una inspiración porque lo que vivió o pensó otro, por más de que nos inspire, o incluso, nos identifiquemos con esa persona, la historia que le ocurrió fue su experiencia. No basta escucharla si no que hay que reflexionar sobre ella y buscar poner en práctica lo que pensamos para que haga efecto e influya en nuestras vidas.

Un hombre se encuentra perdido en medio de un bosque. La oscuridad de la noche no le deja ver el camino y la fuerte tormenta lo único que hace es empeorar la situación. En eso, surge un rayo que aclara el panorama. Por un breve instante, el paisaje se puede ver lúcidamente y el hombre ve cuál es el camino que tiene que seguir. Pero tan pronto como lo percibe, desaparece este destello de luz y con él la visualización del camino, por lo que el hombre debe guiarse únicamente por el recuerdo que le dejó el resplandor del rayo.

Es por esto que cada vez que me siento inspirado —ya sea por una historia que escuché o una experiencia que viví— trato de aprovechar el momento de inspiración para seguir buscando entender más mediante el estudio de *Torá*, de pláticas con Rabinos, leyendo un libro o empezando a cumplir una nueva *Mitzvá* y proponerme retos nuevos. Siempre haciendo algo y no dejándolo como una mera inspiración… Este es el camino para encontrar respuestas…[202]

---

202   A uno de los amigos que le mostré el libro antes de publicarlo, pidiéndole un consejo y su opinión personal acerca de cada ejemplo y respuesta que escribí, me dijo que la lectura le había ayudado a entender algunas cosas que a él le producían conflicto y que le había servido para aprender algunas otras. Pensé que, por su receptividad y aceptación, iba a empezar a estudiar *Torá* y cumplir con algunas *Mitzvot*… Pero pasaron unos meses desde que me dijo lo inspirado y conmovido que había estado con el libro y, para mi sorpresa,

Muy tarde una noche, tras dos horas en una audiencia privada con el Rebbe de Lubavitch, el diplomático israelí Yehuda Avner preguntó: "Rebbe, ¿cuál es el objetivo que quiere conseguir hoy?"

Yehuda —le dijo el Rebbe a Avner— mira hacia allá, en el estante... ¿Qué es lo que ves?
— Una vela —respondió él.
— No, eso no es una vela; es solamente un pedazo de cera que tiene una mecha en el medio de ella. ¿Cuándo un pedazo de cera con una mecha en el medio se convierte en una vela? Cuando traes una llama a la mecha...

Alzando un poco más la voz, el Rebbe continuó con el tono Talmúdico:

— La cera es el cuerpo del ser humano y la mecha es el alma. La llama es el fuego de la *Torá*. Cuando el alma es encendida con la llama de la *Torá*, es ahí cuando la persona se convierte en una vela, logrando el propósito para el cual fue creada. Esto es lo que yo intento hacer: ayudar a que todos los hombres y mujeres logren el propósito por el cual fueron creados.

Una hora más tarde, cuando el sol ya estaba por salir y la reunión acercándose a su fin, Avner preguntó:
— Entonces... ¿El Rebbe ha encendido mi vela?

— No —contestó el Rebbe despacio— Yo te he entregado el fósforo. Sólo tú puedes encender tu propia vela.[203]

---

nada en él cambió. Quizá ahora sí pensaba diferente con respecto a la *Torá* y al Judaísmo, pero aparentemente nada en su vida cambió... ¿Cómo puede ser si dijo que creyó lo que estaba escrito? La respuesta que dio mi padre cuando le hice esta pregunta fue: "Una cosa es aceptar un argumento e, incluso, dejarse convencer y otra es estar dispuesto a cambiar".

203 Traducción libre del libro Mendel Kalmenson, *"Seeds of Winsdom"*, (Estados Unidos: The Printhouse, 2014), 10.

Hay un evento escrito en la *Torá*[204] que demuestra que el hecho de sentirse inspirado, vivir una experiencia única, o inclusive, ver con los propios ojos[205] un acontecimiento milagroso, no son suficientes para seguir el camino que propone Di-s, ya que como dije antes, sin esfuerzo, reflexión y una buena disposición no se consiguen los logros:

Durante la época del Profeta Eliyahu existía mucha idolatría en el Pueblo de Israel. Por esta razón, Eliyahu les propuso a los seguidores del *Baal*[206] una especie de reto, en donde ambas partes llevarían un toro al monte *Karmel* para ofrecerlo como sacrificio. El acto consistía en poner encima de la leña al animal, pero sin prender fuego. Ellos invocarían el nombre de su dios y el Profeta Eliyahu, por supuesto, invocaría el nombre del Eterno, de modo tal que el toro que fuera consumido por fuego, representaría al verdadero Di-s. Como era de esperarse, una multitud del Pueblo Judío asistió al evento.

Antes de empezar la prueba el Profeta Eliyahu les dijo[207]: "¿Hasta cuándo ustedes claudicarán entre dos pensamientos? Si el Eterno es Di-s, vayan tras de Él, pero si el *Baal* lo es, vayan tras de él."

La ceremonia dio inicio. Los profetas del *Baal* empezaron invocando a su dios por ser la mayoría. Después de horas —en las que realizaron todo tipo de ritos donde se cortaban la piel y se clavaban lanzas— ningún fuego apareció.

Luego prosiguió el Profeta Eliyahu, que invitando a todo el pueblo para que se acercase, pidió que le echasen agua al toro, a fin de resaltar la grandeza de Di-s de ser consumido el toro. Invocando al nombre del Eterno, cayó

---

204 Reyes 18:16 – 19:21.

205 ¿Cuántas personas no dicen que si Di-s se les aparece empezarían a cumplir con la *Torá*?

206 Nombre de uno de los principales dioses de los cananeos y moabitas por el que decían profetizar.

207 Reyes 18:21

un fuego del cielo y consumió todo el toro y los leños completamente. Entonces todo el pueblo clamó: "¡El Eterno, Él es Di-s! ¡El Eterno, Él es Di-s!"

¿Qué ocurrió tan solo unos días después de esta demostración de la existencia de Di-s? El Profeta Eliyahu tuvo que escapar de la ciudad porque lo querían asesinar. ¡¿Cómo puede ser posible si acababa de demostrar que Di-s existe y que él es uno de sus enviados?! Porque el hecho de sentirse inspirado, o inclusive, llegar a ver un milagro con los propios ojos,[208] no son suficiente para seguir el camino que propone Di-s, ya que como dije antes, sin esfuerzo y reflexión no se consiguen los logros.

Es por todo esto que, si es que alguna de las historias, ejemplos, anécdotas, explicaciones o reflexiones mencionadas en este libro a alguno le causó impresión o sintió una inspiración, es necesario que emprenda el camino de buscar, conseguir y apreciar lo increíble que es cumplir con la Voluntad de Di-s… Y lo más curioso de todo es que he notado con el transcurso del tiempo, entre pláticas y discusiones, que son muchos los que quieren y desean conocer mejor la *Torá* y están dispuestos a cumplir más *Mitzvot*, solo les falta animarse y atreverse a ello.

Cuentan que una vez el hijo del Maguid de Mezritch[209] se encontraba jugando a las escondidas con un amigo. Éste se escondió de primero. Tras unos minutos buscando, el hijo del Maguid lo encontró. Ahora, era su turno de esconderse. Pasó una hora, dos horas, tres horas… Y su amigo no lo encontraba. Aburrido de esperar, salió para buscarlo. Para su sorpresa, su amigo se encontraba en su casa.

---

208 Véase la nota 205.
209 Rab Dov Ber, discípulo del Baal Shem Tov, Maestro de Rab Shneur Zalman, primer Rebbe de Lubavitch.

–   ¿Qué haces acá? —Preguntó el hijo del Maguid— Llevo horas escondido y tú estás sentado acá muy tranquilo...

–   ¿Qué creías, que iba a estar buscándote como un tonto hasta encontrarte? —Respondió cruelmente su amigo.

Llorando, corrió a donde su padre y le contó lo que sucedió: que él había encontrado a su amigo y después se escondió, estuvo horas escondido y su amigo ni siquiera lo estaba buscando.

Para su asombro, su padre, el Maguid de Mezritch, empezó a llorar.

–   ¿Qué ocurre papá por qué lloras? —Preguntó impresionado el hijo.

–   Me di cuenta que nos comportamos con Di-s de la misma manera: Él está escondido de nosotros esperando que lo encontremos y muchos ni siquiera lo están buscando...

Y yo he aprendido que, si lo vamos a buscar, lo vamos a encontrar.

¡Anímate y empieza a buscarlo
ahora mismo!

Epílogo

… ¿Y a dónde me ha llevado todo esto?

Hoy me encuentro en un camino con un norte claro. Un camino en el que el destino no es el único objetivo, si no que es el trayecto el que está lleno de oportunidades y momentos donde aprovechar, aprender, disfrutar y crecer. Y no sólo son momentos: el hecho de estar en este camino es el mismísimo objetivo, en donde cada segundo de la vida tiene su propia importancia y donde el presente y la situación exacta en que te encuentras (y no el pasado ni el futuro) es el mejor y más importante momento de la vida.

Sigo preguntando, indagando y cuestionando. Eso nunca lo voy a dejar de hacer. Pero como ya saben, ahora mis preguntas son con la intención de comprender y acercarme a Di-s, no de refutar... Siempre trato de ver en qué estoy fallando para poder mejorarlo, desde la práctica de las *Mitzvot* y mi trato a los demás hasta mi manera de rezar... Pero por sobre todas las cosas, busco mejorar mi relación con Di-s y, por supuesto, lo más importante de todo, hacer de este mundo un lugar en donde Di-s quiera estar.

… Y la imagen del "Señor de barba blanca muy fuerte con una lanza en la mano" ya más nunca apareció.

GLOSARIO

BAR MITZVÁ: Ceremonia que se realiza cuando un joven Judío cumple trece años en la cual recibe el cumplimiento de las *Mitzvot* sobre sí.

BIG BANG: En cosmología física, la teoría del Big Bang o teoría de la gran explosión es un modelo científico que trata de explicar el origen del universo y su desarrollo posterior a partir de una singularidad espacio temporal.

BRIT MILÁ: Ceremonia que se realiza el octavo día de nacido un varón Judío (llamado en español circuncisión).

CARBONO 14: Isótopo radioactivo del carbono que se usa como trazador en la investigación bioquímica y en la técnica de la datación, que permite estimar la edad de los fósiles y otras materias orgánicas.

GUEMARÁ: Conocido también como El Talmud.

HALAJÁ: Compendio de leyes Judías basadas en la Torá.

HASHEM: Con este nombre se hace referencia en Hebreo a Di-s.

KADISH: Rezo Sagrado para alabar a Di-s que le corresponde decir a la persona que se encuentra en duelo.

KASHER: Observar y respetar el precepto de comer únicamente bajo las normas Judías.

KASHRUT: *Mitzvá* relacionada con la alimentación donde se siguen una serie de reglas para poder comer de forma *Kasher*.

MAIMÓNIDES: Rabí Moshe ben Maimón también conocido como el Rambam. Sabio Judío del siglo XII cuyos trabajos sobre ley y mística Judía son una referencia y son estudiados por todos los centros de estudio Judío.

MANÁ: Alimento espiritual que caía del cielo durante los 40 años que el Pueblo Judío estuvo en el desierto después de la salida de Egipto.

MATZÁ: Pan ázimo que se come durante la festividad de *Pesaj*.

MEZUZÁ: Pergamino que tiene escrito dos versículos de la *Torá*; se encuentra albergado en una caja —o receptáculo— que es adherido a la jamba-o marco-derecha de los pórticos de las casas y ciudades Judías. (Wikipedia)

MIDOT: Cualidades, características y rasgos de la personalidad.

MITZVÁ: Precepto/mandato/conexión establecidos en la *Torá* que son medios y oportunidades para acercarse a Di-s.

MITZVOT: Plural de *Mitzvá*.

MONTE SINAI: Lugar donde Moshé junto con el Pueblo Judío recibió la *Torá*.

MOSHÉ: Mayor profeta del Pueblo Judío. Conocido en español como Moisés.

PESAJ: Festividad relacionada con la Salida de Egipto.

RABÍ AKIVA: Uno de los principales y más importantes Sabios de la época del *Talmud*.

RASHI: Sabio del siglo XI. Comentarista por excelencia del *Jumash* y el *Talmud*.

REBBE: Nombre por el cual se hace referencia al Rabino principal de la comunidad Jasídica.

ROSH HASHANÁ: Día que representa el año nuevo Judío.

SEDER DE PESAJ: Ceremonia en donde se relata la Salida de Egipto del Pueblo Judío.

SHABAT: Día Sagrado (sábado).

SHEMÁ: Uno de los principales rezos que se dice todos los días.

SHIUR: Reunión en donde las personas escuchan para aprender acerca de la *Torá*.

SHIURIM: *Shiur* en plural.

SHIVÁ: Siete días en los cuales los familiares no realizan ninguna actividad laboral o ninguna otra no referente a las ocupaciones respecto al luto. Una de las finalidades de esto y de todo el año de duelo es enfrentar y superar la pérdida del ser querido.

SHOMER SHABAT: Observar y respetar todas las leyes Judías con respecto al día sábado.

SUCOT: Festividad Judía donde se conmemora la manera en la que vivían los Judíos al salir de Egipto. Conocida en español como "Fiesta de las Cabañas".

TAKANÁ: Cercos o prevenciones. Fuente de la *Torá*: *"Cuidarán Mis restricciones a fin de no hacer ninguna de estas prácticas abominables..."* (Levítico 18:30); Véase Tratado *Yebamot* 21a.

TAKANOT: *Takaná* el plural.

TALMUD: Compilación de las explicaciones sobre el *Jumash* y las discusiones rabínicas sobre leyes Judías, tradiciones, costumbres, narraciones y dichos, parábolas, historias y leyendas. Principal componente de la *Torá* Oral.

TANAÍM: Sabios de la época del *Talmud*.

TEFILÍN: Filacterias: cajas negras de cuero que contienen porciones del *Jumash*.

TEHILÍM: Plegarias de alabanza a *Hashem*.

TESHUVÁ: Término que se le da a una persona que no creció como un Judío observante y empieza a "recalibrar" su pensamiento en aras de la *Torá*.

TORÁ: Conocido en español como La Biblia o el Antiguo Testamento.

TORÁ ESCRITA: Compuesta por los 5 Libros de Moshé, 8 Libros de *Neviím* (Profetas) y 11 Libros de *Ketuvim* (Escritos).

TORÁ ORAL: Compuesta por la *Mishná*, el *Talmud*, el *Midrash*, la *Halajá* y todas las enseñanzas registradas de nuestros Sabios.

TZEDAKÁ: El concepto de dar dinero para caridad en el Judaísmo implica un enfoque totalmente diferente que el corriente, en el que el dinero no se da como beneficencia sino como una Justicia Divina.

YOM KIPUR: Día del perdón.

Índice general

CAPÍTULO III:
Algunas experiencias y anécdotas

Me encantaría saber tus comentarios sobre el libro
o si tienes alguna duda, pregunta o una anécdota
que quisieras compartir conmigo escríbeme a:

mkohn@yonocreiaennada.com

y síguenos en:

 Yo no creía en nada

 yonocreiaennada

y nuestra página web:

www.yonocreiaennada.com